LES BANQUES CULTURELLES

Penser la redéfinition du développement par l'art

Collection « Inter-National »
dirigée par Denis Rolland,
Joëlle Chassin et Françoise Dekowski

Cette collection a pour vocation de présenter les études les plus récentes sur les institutions, les politiques publiques et les forces politiques et culturelles à l'œuvre aujourd'hui. Au croisement des disciplines juridiques, des sciences politiques, des relations internationales, de l'histoire et de l'anthropologie, elle se propose, dans une perspective pluridisciplinaire, d'éclairer les enjeux de la scène mondiale et européenne.

Série Premières Synthèses – jeunes chercheurs (dernières parutions) :

Hadrien ROZIER, *L'action internationale des métropoles en question. Entre attractivité et pratiques de coopération*, 2015.
Bénédicte LAUMOND, *Police et surveillance de l'extrême-droite en Allemagne*, 2015.
Victor CHAUVET, *La triangulaire diplomatique Danemark-Groenland-Union européenne. La politique énergétique, environnementale et l'intégration régionale dans l'espace polaire européen*, 2014.
Cécile MARGUET, *Une famille au Cambodge. Rôle du souvenir et transmission des valeurs*, 2014.
Marine BOURGEOIS, *Gérer au quotidien l'attribution des logements sociaux. Enquête ethnographique dans un organisme HLM*, 2013.
Camille BOULLENOIS, *La révolution culturelle chinoise sous le regard des Français (1966-1971)*, 2013.
Flore LEMOINE-GOUÉDARD, *Le Mexique et l'Europe : droits de l'homme et coopération*, 2013.
Victoire DEWAEGENEIRE, *La photographie humanitaire en question. Entre éthique du photographe et loi du tapage médiatique*, 2013. Concours Sciences-Po 2011-2012.
Stéphanie TRILLE, *La coopération territoriale en Europe. L'exemple de la frontière franco-espagnole*, 2013. Concours Sciences-Po 2011-2012.
R. FATHI, Représentations muséales du corps combattant de 1914-18. *L'*Australian War Memorial *de Canberra et l'Historial de la Grande Guerre de Péronne*, 2013. Concours Sciences-Po 2011-2012.
Clara BAMBERGER, *Femmes et médias : une image partiale et partielle*, 2012.
Fanny PARENT, *Le feng-shui en France. Aménagement de l'espace, aménagement de soi*, 2012
Louis-Marie BUREAU, *La pensée de Fethullah Gülen. Aux sources de l'islamisme modéré*, 2012.

Mathilde LELOUP

LES BANQUES CULTURELLES

Penser la redéfinition du développement par l'art

préface de Guillaume DEVIN

L'Harmattan

5-7, rue de l'École-Polytechnique ; 75005 Paris

http://www.harmattan.fr
diffusion.harmattan@wanadoo.fr
harmattan1@wanadoo.fr

ISBN : 978-2-343-08324-7
EAN : 9782343083247

À mon père,

REMERCIEMENTS

Je tiens à remercier tous ceux qui m’ont soutenue dans l’élaboration de ce mémoire.

Mes premiers remerciements vont à Frédéric Ramel, professeur à l’Institut d’Études Politiques de Paris et directeur de ce mémoire, pour ses conseils et sa disponibilité.

Je souhaite remercier tout particulièrement Étienne, qui a cru dès le début à ce travail et m’a soutenue dans l’organisation de mon terrain au Togo.

J’adresse mes plus sincères remerciements à mon père, à Benjamin et à Edmond, qui m’ont accompagnée durant mon périple ainsi qu’à Melissa qui nous a accompagnés par la pensée.

Merci à toutes les personnes qui m’ont accordée des entretiens, merci notamment à Badoualou Karka Alizim et Alassane Zoumarou de m'avoir permis de visiter les Banques Culturelles et de rencontrer leurs bénéficiaires.

Merci également à Pietronella Van den Oever et à Danièle Wozny pour leur soutien et leur enthousiasme.

Je souhaite remercier ma mère et mes sœurs pour leur indéfectible soutien et leur confiance.

Je remercie également Margaux et Pierrick pour cette « aventure » de la rédaction vécue tous les trois.

Merci à Marine et Marieke pour leurs remarques constructives.

Merci à Félicien, pour son amour.

LISTE DES ACCRONYMES

AFRICOM : Conseil International des Musées Africains
ACCF : African Cultural Conservation Fund
ACP : Groupe des États d'Afrique, des Caraïbes et du Pacifique
APBC : Association pour la Promotion des Banques Culturelles
CEDEAO : Communauté Économique des États d'Afrique de l'Ouest
CESI : Community Empowerment and Social Inclusion Learning Program
CHDA : Centre for Heritage Development in Africa
CMB : Mission de Bandiagara
DSRP : Dossiers Stratégiques de Réduction de la Pauvreté
EPA : École du Patrimoine Africain
FAO : Organisation des Nations Unies pour l'Alimentation et l'Agriculture
FEFGA : Femmes et Formation en Gestion Appliquée
FGB : Formation en Gestion à la Base
FMI : Fonds Monétaire International ou Institut de Micro-Finance
FSP : Fonds de Solidarité prioritaire
ICCROM : Centre International d'Études pour la Conservation et la Restauration des biens culturels
ICOM : Conseil International des Musées
ICOMOS : Conseil International des Monuments et des Sites
Interpol : International Police
MAE : Ministère des Affaires étrangères
MSD : Musées au Service du Développement
MUJAO : Mouvement pour l'Unicité et le Jihad en Afrique de l'Ouest
ODD : Objectifs pour le Développement durable
OI : Organisation internationale
OIF : Organisation internationale de la Francophonie
OMD : Objectifs du Millénaire pour le Développement
OMS : Organisation mondiale de la santé

ONG : Organisation non gouvernementale
ONU : Organisation des Nations Unies
PAS : Programmes d'Ajustements Structurels
PNUD : Programme des Nations Unies pour le Développement
PPTE : Initiatives Pays pauvres très endettées
PREMA: Preventive Conservation in Museums in Africa
PTF : Partenaire technique et financier
SCAC : Service de Coopération et d'Action Culturelle
SFD : Système financier Décentralisé
UA : Union africaine
UE : Union européenne
UEMOA : Union Économique et Monétaire Ouest africain
UICN : Union Internationale pour la Conservation de la Nature
UNESCO : Organisation des Nations Unies pour l'Éducation, la Science et la Culture
WAMP : West African Museum Program
WB : World Bank
WBI : World Bank Institute
WEMTOP : Women's Enterprise Management and Outreach Program
WMTOP : Women's Management Training Outreach Program

SOMMAIRE

Liste des accronymes 11
Préface de Guillaume DEVIN 15
INTRODUCTION 19

PREMIÈRE PARTIE.
LE ROLE DES « ENTREPRENEURS DE MODELE » DANS LA DIFFUSION DES BANQUES CULTURELLES EN AFRIQUE DE L'OUEST 33
CHAPITRE 1.
L'EMERGENCE D'UN MODELE ORIGINAL PORTE PAR UN ENTREPRENEUR DE NORME 35
1. Le processus de gestation de la Banque Culturelle au cœur du village de Fombori 36
2. Le rôle de traducteur de Todd Crosby, agent du Peacecorps 47
CHAPITRE 2 .
LA CONSECRATION DU MODELE PAR LA BANQUE MONDIALE ET L'EXPORTATION A KOLA ET DEGNEKORO 59
1. La labellisation du concept « Banque Culturelle » par la Banque Mondiale 59
2. La diffusion de la banque culturelle à Kola et Degnekoro grâce au fonds discrétionnaire de James Wolfensohn 63
3. La diffusion du modèle parallèlement à l'enceinte de la Banque Mondiale par les experts maliens 68
CHAPITRE 3.
LA REGIONALISATION DU MODELE DES BANQUES CULTURELLES PAR LE MINISTERE DES AFFAIRES ETRANGERES FRANÇAIS ET L'ÉCOLE DU PATRIMOINE AFRICAIN 71
1. L'appel à projets lancé par le ministère des Affaires étrangères et l'École du Patrimoine 71
2. Le Fonds de solidarité prioritaire pour le Mali de 2013 « Solidarité francophone » stoppé par le conflit 73

DEUXIÈME PARTIE.
LA REAPPROPRIATION DU MODELE DE LA BANQUE CULTURELLE PAR LES ORGANISATIONS INTERNATIONALES 77
CHAPITRE 1
LA QUETE DE LA LEGITIMATION DE LA BANQUE MONDIALE PAR LA RECONNAISSANCE DES BANQUES CULTURELLES 81
1. Les années 1990, un tournant dans la politique

de la Banque Mondiale 82
2. La création d'un groupe d'experts maliens, ou la diffusion des pratiques de la Banque Mondiale 97
CHAPITRE 2
LA « REGIONALISATION » DE L'ICCROM SOUS LES TRAITS DE L'ÉCOLE DU PATRIMOINE AFRICAIN 105
1. L'École du Patrimoine africain, la succursale de l'ICCROM en Afrique de l'Ouest 105
2. La poursuite de la stratégie de diffusion régionale de l'ICCROM par les Banques Culturelles ici 109

TROISIÈME PARTIE. LES TENSIONS AU SEIN DU MODELE DE LA BANQUE CULTURELLE ENTRE LES POLES « PATRIMOINE CULTUREL » ET « DEVELOPPEMENT 119
CHAPITRE 1
LA CREATION D'UNE BANQUE CULTURELLE D'URGENCE APRES LA CLASSIFICATION DU SITE DE KOUTAMMAKOU 121
1. Les Banques Culturelles de Koutammakou et de Tanéka ou l'influence du processus de patrimonialisation sur le processus de développement 122
2. L'opposition entre acteurs des Banques Culturelles et Planetfinance sur la notion de garantie 134
CHAPITRE 2
LA NAISSANCE D'UNE LOGIQUE DE SECURITE COMMUNAUTAIRE FACE AU CONFLIT MALIEN 141
1. L'action des Banques culturelles de Fombori et de Dimbal dans la lutte contre le pillage et la destructions des biens culturels 142
2. Le renouveau d'un lien communautaire fondé sur une « solidarité mécanique » 154
CHAPITRE 3
LE GRAND ABSENT DE L'ARTICULATION ENTRE CULTURE ET PATRIMOINE CULTUREL : L'ÉTAT 161
1. L'incompréhension des enjeux locaux par les acteurs internationaux : avant tout un manque d'intermédiaire 162
2. La décentralisation des États d'Afrique de l'Ouest comme corollaire de la sectorisation de l'agenda du Développement 167

CONCLUSION GENERALE 173
Annexes 177
Sources documentaires 191
Entretiens 199
Bibliographie 202

PRÉFACE

Le dynamitage des deux bouddhas de Bamyan près de Kaboul en 2001, l'autodafé des manuscrits pré-islamiques à Tombouctou en 2013 ou le plus récent saccage du musée de Mossoul en février 2015, ont mis en évidence le fait que la destruction du patrimoine culturel était devenue un objectif de guerre pour des combattants radicaux qui veulent éliminer jusqu'aux traces des civilisations qui ont précédé l'islam. La Directrice générale de l'UNESCO, Irina Bokova, a parlé de « nettoyage culturel » et le Conseil de sécurité des Nations unies a réagi à plusieurs reprises en condamnant notamment les destructions du patrimoine culturel irakien et syrien « commises en particulier par l'EIIL [État islamique en Irak et au Levant] et par le Front el-Nostra » (résolution 2199 du 12 février 2015). Dans ce contexte préoccupant, assiste-t-on à l'effondrement de l'idée que la culture, entendue comme l'ensemble des créations de la civilisation humaine, peut servir au rapprochement des communautés et à la paix ? Dans le livre que l'on va lire, Mathilde Leloup nous offre des raisons d'espérer.

Il s'agit, en effet, de s'intéresser à des initiatives locales, encore peu développées et peu connues qui se présentent sous le nom de « banques culturelles ». Expérimentées en Afrique, ces banques culturelles n'atteignent pas le nombre de la dizaine, mais elles pourraient constituer un modèle adapté à la protection du patrimoine et aux besoins de la population. Contrairement aux grandes déclarations internationales et aux mobilisations incertaines en faveur du « Patrimoine commun de l'humanité », elles apparaissent clairement comme des actions décentralisées et de proximité comme en témoigne leur structure tripartite : un musée villageois qui conserve et expose des objets culturels présentant un intérêt pour le village ou les familles et dont les propriétaires gardent la propriété ; une caisse villageoise qui fonctionne comme un système de microcrédit pour les déposants d'objets ; un centre de formation qui sert à développer les activités culturelles et économiques des populations rurales.

L'enquête de Mathilde Leloup est d'abord passionnante parce qu'elle restitue la chaîne des coopérations qui s'est mise en place pour aboutir à la création et à la diffusion de ces nouveaux dispositifs. À partir d'initiatives individuelles très localisées, on observe comment émerge un « modèle » de banque culturelle, puis comment s'opère sa « traduction », avant qu'il ne soit consacré, dans une conjoncture favorable, par certaines organisations internationales et notamment par la Banque mondiale. Le suivi minutieux de ce parcours, l'attention portée à tous les acteurs impliqués – individuels ou collectifs – constitue un excellent exemple d'action « *bottom-up* », du local à l'international, qui innerve, plus qu'on le croit, l'espace toujours difficile à définir de « la coopération internationale ». S'il en était encore besoin, le cas des banques culturelles démontre que le multilatéralisme ne se réduit plus aux seules conférences inter-étatiques sur la paix et la sécurité. Il s'étend désormais à toutes les activités sociales et s'élargit à une grande diversité d'acteurs. Au multilatéralisme classiquement politique qui conserve toute son importance, s'ajoute un multilatéralisme social qui est multi-acteurs dans son fonctionnement, participatif et tourné prioritairement vers les besoins des populations : les banques culturelles illustrent ce nouveau mode d'action multilatéral.

La recherche paraît, ensuite, très instructive sur la dimension multidimensionnelle qui caractérise de plus en plus les actions de paix et de coopération. Les banques culturelles illustrent, en effet, cette volonté de lier des domaines apparemment séparés : protection et promotion du patrimoine culturel, d'une part ; développement économique des communautés rurales, d'autre part. Mathilde Leloup expose avec précision l'originalité de cette articulation qui s'inscrit dans une logique de « démarchandisation » des biens culturels et, par conséquent, dans un esprit très différent d'un programme de microcrédit. Mais, plus généralement, cette logique est également celle d'une interdépendance entre le culturel et l'économique qui s'impose en quelque sorte aux intéressés, tout comme s'enchevêtrent, de plus en plus fréquemment, de nombreux secteurs de l'action internationale : la santé et l'environnement, l'énergie et la sécurité alimentaire, le commerce et la protection des droits sociaux, etc. De ce point de vue, le projet des banques culturelles témoigne d'une compréhension élargie du développement, inséparable d'une logique d'intégration sociale. La culture – ici, la protection des petits patrimoines – est mise au service du développement et réciproquement celui-ci sert le renforcement des solidarités villageoises.

Mathilde Leloup assigne également à ces nouvelles institutions une mission de pacification susceptible de prévenir les conflits et, à tout le moins, de freiner l'escalade et l'aggravation de tensions localisées. Il paraît encore trop tôt, notamment au Mali, pour dire si ces prévisions seront confirmées par l'expérience. Mais l'invention des banques culturelles mérite mieux qu'un coup d'œil sceptique et ce livre nous invite à en suivre les développements au sein des multiples innovations du multilatéralisme social.

Guillaume DEVIN
Professeur de science politique
Sciences Po Paris

INTRODUCTION

Qu'est-ce qu'une Banque Culturelle ? Apparu en 1997 au sein du village de Fombori, en pays Dogon, le modèle de la Banque Culturelle a été créé pour combattre le pillage des biens culturels en associant trois structures complémentaires : un *musée* qui reçoit les objets culturels déposés par les habitants de Fombori, un *comité de microcrédit* qui accorde des prêts aux villageois en échange du dépôt de leurs objets et un *centre de formation*, proposant des enseignements sur des activités génératrices de revenus comme l'artisanat, l'agriculture, l'élevage ainsi que des ateliers d'alphabétisation. Dans ce modèle, l'objet culturel[1], autrefois vendu aux antiquaires ou aux touristes de passage pour une modique somme se trouve exposé dans un musée et peut à tout moment être récupéré par son propriétaire, pour une cérémonie ou un rituel. Le prêt accordé en échange du dépôt de ce bien culturel permet d'amorcer un développement local en fournissant les capitaux de départ d'activités génératrices de revenus, bénéficiant à l'ensemble de la communauté villageoise (Annexe 1). Conçu par un agent du Peacecorps en partenariat avec les populations du village de Fombori, le modèle de la Banque Culturelle a été reconnu successivement par des organisations internationales : la Banque Mondiale, l'École du Patrimoine Africain, des ONG : l'association Dimbal.ch et un bailleur de fonds bilatéral : le ministère des Affaires étrangères français.

---

[1] Nous distinguerons, tout au long de ce mémoire, les notions d'objet d'artisanat et d'objet d'Art. Alors que les « Occidentaux » désignent par « objet artisanal » un objet produit en série et par « objet d'Art » un objet authentique, c'est l'inverse qui est de mise au Togo et au Bénin. La plupart des personnes avec qui nous avons eu des entretiens désignaient par « objet »ou « bien culturel » les biens patrimoniaux. Nous avons choisi de reprendre ce terme.

Si ce modèle semble séduisant *a priori*, il paraît également contrintuitif dans la mesure où il articule deux logiques antagonistes : le « développement », tourné vers le progrès et l'avenir et la conservation du « patrimoine culturel », tournée vers la mémoire et le passé.

Définition des termes du sujet

La Banque Culturelle ne fait pourtant pas figure d'exception dans l'association des termes de « patrimoine culturel » et de « développement ». L'UNESCO, à partir de la Conférence de Mexico de 1982 vulgarise une redéfinition du développement par la culture, entendue comme « l'ensemble des traits distinctifs, spirituels et matériels, intellectuels et affectifs, qui caractérisent une société ou un groupe social » (Annexe 2). Si l'association des termes est attendue de la part de l'UNESCO[1], elle devient également le fait de nombreuses organisations régionales[2] et internationales[1] non spécialisées dans le

[1] L'UNESCO a articulé ces deux notions dans les textes suivants : la « Conférence de Mexico » de 1982, le Rapport « Notre diversité créatrice » en 1995, le « Plan d'action pour les politiques culturelles » de 1998, la « Déclaration sur la Diversité culturelle » de 2001. Raymond Weber, Culture et Développement : « Vers un nouveau paradigme ? », « Présentation des backgrounds papers du camps euro-africain de coopération culturelle », 22 juin 2009.

[2] Au niveau régional, de la part de l'Union Européenne – par l'article culturel (151) dans le traité de Maastricht, la contribution au débat sur la culture et le développement en Europe « La Culture au Cœur » par le Conseil de l'Europe en 1996, « La communication de la Commission » en 2006 « Investir dans les ressources humaines », le « Consensus européen pour le développement », la conférence « Culture and Human development : the rôle of european cooperation » de 2006, l'agenda européen de la culture en 2007 et la réunion de la commission européenne de 2009 autour du thème « culture et création, facteurs de développement » – ; par l'ACP – avec l'accord de partenariat ACP-Union Européenne, le plan d'action de Dakar de 2003 pour la promotion des cultures et des industries culturelles, complété par la résolution de San Domingo ; de la part du NEPAD – par son atelier sur la culture et le développement dans le plan d'action de 2003 ; par le forum universel des cultures par l'agenda 21 de la culture sur le modèle de celui du développement durable ; par la Conférence islamique de 2004 insistant sur la diversité culturelle comme facteur de développement ; par l'Union africaine – par le plan de Nairobi pour les industries culturelles de 2005 et la Charte de la Renaissance culturelle africaine de 2006. Raymond Weber, *op. cit.*

domaine culturel dans les années 1990 (Annexe 3). À la fin de cette décennie, l'UNESCO et le « Groupe des amis du Développement[2]» plaident pour une prise en compte accrue de la culture dans le développement. Ils parviennent à la création du volet thématique « Culture et Développement » dans l'agenda des « Objectifs du Millénaire du Développement[3]» et à la création d'une « Batterie d'indicateurs de l'impact de la Culture dans le Développement[4]». À l'heure du passage de l'agenda des « Objectifs du Millénaire du Développement » à celui des « Objectifs du Développement durable », l'initiative des Banques Culturelles est mobilisée en tant que démonstration empirique de la contribution du patrimoine culturel au

---

[1] Au niveau international, par la Banque Mondiale – en 1999 avec sa conférence « la culture compte : financement, ressources et économie de la culture pour un développement durable », par le PNUD – avec le rapport mondial sur le développement humain intitulé « La liberté culturelle dans un monde diversifié », en 2004 et le volet « Culture et Développement » développé au sein des Objectifs du Millénaire pour le développement entraînant la mise en place de programmes conjoints avec différents bailleurs de fonds tel que le PNUE, la FAO ; par la CNUCED – en 2008 avec son rapport sur l'économie créative ; ainsi que par l'ONU – par ses Résolutions 65/166 et 66/208 toutes deux intitulées « Culture et développement » adoptées par l'Assemblée générale des Nations Unies les 20 décembre 2010 et 22 décembre 2011 ainsi que le Rapport du Secrétaire général des Nations Unies sur la résolution 65/166. *Ibid.*

[2] Groupe initié par la France et le Pérou à l'Assemblée générale des Nations unies, ressource électronique :
http://www.franceonu.org/la-france-a-l-onu/espace-presse/interventions-en-seance-publique/assemblee-generale/article/23-octobre-2013-assemblee-generale-7554 (dernière consultation le 15 mai 2014).

[3] Le volet thématique contribue à la réalisation transversale des OMD, sous la forme suivante : OMD 1 : Culture et éradication de la pauvreté, OMD 2 : Culture et Éducation, OMD 3 : Culture et égalité des genres, OMD 4, 5, 6 : Culture et Santé, OMD 7 : Culture et durabilité environnementale, OMD : Culture et partenariat mondial pour le développement. UNESCO, Faire de la Culture un moteur de Développement, ressource électronique :
http://www.unesco.org/new/fr/culture/achieving-the-millennium-development-goals/mdg-f-culture-and-development/ (dernier accès 15 mai 2014).

[4] UNESCO. Indicateurs de la Culture pour le Développement, ressource électronique
http://www.unesco.org/new/fr/culture/themes/cultural-diversity/cultural-expressions/programmes/culture-for-development-indicators/ (dernier accès 10 mai 2014).

développement durable[1]. Mais que recouvrent réellement ces termes de « développement », « culture » et « patrimoine culturel » ?

La notion de « développement », qui apparaît dans les années 1950 est d'abord entendue comme un rattrapage des pays dits 'du Nord' par les pays dits 'du Sud'. Dans les années 1990, sous l'impulsion du PNUD, des travaux d'Amartya Sen consacrant le concept d'« *empowerement*[2] » et de Joseph Stiglitz exposant une conception compréhensive du développement, le « développement humain » est venu concurrencer cette vision. Selon cette nouvelle perspective, le développement ne peut être fondé que sur des critères économiques, mais doit essentiellement prendre en compte l'amélioration des conditions de vie des individus, mesurée par un nouvel indice, l'Indicateur de Développement humain (IDH). L'amélioration réelle des conditions de vie des populations telles qu'entendue par Amartya Sen, tend à redonner aux individus le choix de leur mode de vie (notion de « *capability*[3] »). Pour se faire, les programmes de développement doivent s'adapter au contexte d'existence de ces populations et agir sur les problèmes structurels à la base de la pauvreté endémique. Pour Joseph Stiglitz, le développement doit être entendu comme un système comprenant non seulement la sphère économique, mais également les sphères politique et culturelle au sein du « *Comprehensive Development Framework*[4] ». Parallèlement à cette notion de « développement humain » apparaît celle de « développement durable » avec le rapport Brundtland, tentant de concilier progrès économique et gestion des

---

[1] Assemblée générale - Deuxième commission « Culture et Développement », Intervention de Mr François Gave, Conseiller et chargé de la coordination pour les questions de développement à la mission de la France auprès des Nations Unies, ressource électronique :
http://www.franceonu.org/la-france-a-l-onu/espace-presse/interventions-en-seance-publique/assemblee-generale/article/23-octobre-2013-assemblee-generale-7554 (dernière consultation le 6 mai 2014).

[2] Amartya Sen, *Un nouveau modèle de Développement*, Paris, Odile Jacob, 2000.

[3] *Ibid.*

[4] Joseph Stieglitz, "Participation and development: perspectives from the comprehensive development paradigm", *Review of Development Economics*, 2002, vol. 6, n° 2, pp. 163-182.

ressources environnementales. Quels que soient les adjectifs dont il se pare, le développement semble bien tourné vers un mieux-être, un idéal, qui nécessite un changement au sein des sociétés.

Le terme de « culture », sans cesse redéfini par l'UNESCO et les organisations internationales qui intègrent cette problématique dans leurs programmes de Développement, semble difficilement pouvoir induire un changement radical dans la conception et la pratique du développement du fait de son acception très vague[1]. La culture peut en effet désigner au sens large, le mode de vie des populations ou au sens strict, les industries culturelles et la conservation du patrimoine culturel. Nous préférerons donc, à la notion de culture, celle de patrimoine culturel[2]. Défini par Françoise Benhamou comme l'ensemble des « biens hétérogènes tangibles et intangibles dont le terreau commun est la référence à l'histoire ou à l'Art », le patrimoine culturel constitue le témoignage vivant « des rapports qu'une société entretient avec son histoire[3] ». Depuis la Convention du Patrimoine mondial de 1972, les biens culturels et naturels les plus emblématiques de la « civilisation humaine » font l'objet d'un classement de la part de l'UNESCO et d'une conservation « en l'état » afin de les protéger des destructions humaines et environnementales[4].

---

[1] UNESCO. Déclaration de Mexico sur les politiques culturelles, Conférence mondiale sur les politiques culturelles, Mexico City, 26 juillet - 6 août 1982.

[2] Ministère des Affaires étrangères français. Position française : Culture et Développement durable dans l'agenda post-2015, document transmis par mail par Myriam Gourin, Pôle des partenariats et des politiques culturelles, Mission des échanges culturels et de l'audiovisuel extérieur (DGM/DCUR/CAE), Direction de la coopération culturelle, universitaire et de la recherche du ministère des Affaires étrangères, 19 mars 2014.

[3] Françoise Benhamou, *Économie du patrimoine culturel*, Paris, Repères, 2012, pp. 3-4.

[4] UNESCO. Convention concernant la protection du patrimoine mondial, culturel et naturel, Paris, 17 octobre-21 novembre 1972.

Problématique

Dès lors, si la protection du patrimoine culturel peut être envisagée comme une manière de limiter les externalités négatives du développement, peut-elle pour autant être envisagée comme un facteur positif de développement ? Si la protection du patrimoine culturel suppose la préservation d'un mode de vie traditionnel, ne freine-t-elle pas du même coup toute logique de développement autonome bénéficiant à l'ensemble de la population ?

À la lumière du paradoxe que nous avons relevé entre logique de développement et logique de conservation du patrimoine culturel, nous pouvons nous demander : comment le dispositif sociétal des Banques Culturelles a-t-il émergé au sein des relations internationales ? Pourquoi le nouveau dispositif des Banques Culturelles révèle-t-il des tensions et des paradoxes dans les programmes actuels de développement ?

État de l'Art

La littérature sur le sujet des « Banques culturelles » est peu fournie dans la mesure où il s'agit d'une initiative récente. Cette littérature est également très orientée puisque les auteurs des études sur les Banques Culturelles sont aussi les acteurs de cette initiative. Au total, une thèse et trois contributions à des ouvrages ont été produites sur ce sujet. La thèse, écrite par une étudiante en anthropologie de l'Université d'Arizona traite de l'impact local du premier modèle de la Banque Culturelle à Fombori (Mali)[1]. Les deux premières contributions sont signées de la main de deux experts maliens de muséologie recrutés par la Banque Mondiale pour diffuser cette initiative en 2002, Daouda Keita[2] et Aldiouma Yattara[1]. Elles traitent de la diffusion

[1] Tara Deubel, "Conserving cultural heritage with micro-credit: a case study of the dogon culture bank in Fombori, Mali". Master thesis : Anthopology, Arizona, University of Arizona, 2003.

[2] Daouda Keita, "Les Banques Culturelles au Mali : une nouvelle initiative de sauvegarde du patrimoine culturel et de développement des communautés", in BOUTTIAUX, Anne-

nationale du modèle du village de Fombori aux villages de Kola et Degnekoro (Mali). La troisième contribution, coécrite par Todd Crosby le créateur du concept de Banque Culturelle, explique les fondements philosophiques et anthropologiques du modèle de la Banque Culturelle[2]. La littérature plus générale dans laquelle notre travail s'inscrit, celle de l'association entre patrimoine culturel et développement, émerge dans les années 1950 dans les pays anglophones et dans les années 1980 en France. Si les publications anglophones évoluent en dents de scie[3] ; en France, à l'inverse, ce thème suscite un intérêt croissant[4]. Au sein du corpus général sur le thème « patrimoine culturel et développement », la majorité des auteurs conçoit le lien entre ces deux notions à l'aune du tourisme culturel (Michel Franck[5]) ou de l'aménagement du territoire (Pierre-Antoine Landel[6]). Ces derniers se distinguent par leur conception du développement, local (Michel Vernières[7]) ou durable (Nassima Driss[8], Lorenzo Diez[1], Olivier Petit[2]). Ce sujet des

---

Marie, *Musées et patrimoines pour quels publics ?* Paris, Karthala, 2007.

[1] Aldiouma Yattara, "Les Banques Culturelles : une expérience porteuse d'espoir", *Africultures*, 2007, vol. 70, n° 1.

[2] Frederic F. Wherry, Todd V. Crosby, "The Culture Bank: symbolic capital and local economic development", in WHERRY, Frederic, BANDELJ, Nina, *The Cultural Wealth of nations*, Standford, Standford University Press, 2001.

[3] Recherche de « cultural heritage and development » et de « patrimoine culture et développement » sur Google Ngram https://books.google.com/ngrams/graph?content=cultural+heritage+and+development&year_start=1800&year_end=2008&corpus=15&smoothing=3&share=&direct_url=t1%3B%2Ccultural%20heritage%20and%20development%3B%2Cc0 (dernière consultation le 14 mai 2014).

[4] Si l'on en croit le nombre et la diversité des thèses dans toutes les disciplines : science économique, science du tourisme, science politique, science de l'information, sociologie, histoire, droit notamment. Recherche de « patrimoine culturel et développement sur theses.fr : 1123 résultats http://www.theses.fr/?q=patrimoine+culturel+et+d%C3%A9veloppement (dernière consultation le 14 mai 2014).

[5] Michel Frank, "Patrimoine, tourisme, environnement et développement durable", *Études Caribéennes*, 2012, vol. 17, n° 1, [en ligne], 17 décembre 2010, mis en ligne le 10 janvier 2012 (dernière consultation le 14 mai 2014).

[6] Pierre-Antoine Landel, Nicolas Senil, "Patrimoine et territoire, les nouvelles ressources du développement", *Développement durable et territoires*, 2009, n° 1 (dernière consultation le 19 mai 2014).

[7] Michel Vernières (dir.), *Patrimoine et Développement*, Paris, Karthala, 2009.

[8] Nassima Driss (dir.), *Patrimoines et Développement durable : ressources, enjeux, lien social*, Rennes, Presses universitaires de Rennes, 2012.

Banques Culturelles et le thème « patrimoine culturel et développement » ont donc été traités, à ce jour, du point de vue de l'anthropologie, de la muséologie ou de l'aménagement du territoire, mais jamais selon la perspective des Relations internationales. Faire de l'initiative des Banques Culturelles l'objet de cette discipline nous permettra d'explorer les zones d'ombre de cette dernière. Du fait de son statut d'initiative locale, la Banque Culturelle nous amènera à envisager les relations internationales non pas selon une perspective interétatique et « *top-down* », mais selon une perspective sociologique et « *bottom-up* ». Peu d'études issues de cette discipline analysent la diffusion des modèles de développement locaux sur la scène internationale, en étudiant le jeu de *réappropriations* qu'en font les autres acteurs : les États, les ONG, les OI, la coopération bilatérale, les universités, etc. De même, peu d'études existent sur le rôle que jouent ces initiatives locales, concrètes, dans le discours des acteurs susmentionnés en quête de légitimité.

Méthodologie

Pour étudier ce sujet, nous avons pris pour point de départ la documentation sur les Banques Culturelles conservées dans les archives de la Banque Mondiale et du ministère des Affaires étrangères. Si celle-ci nous a renseignés sur le fonctionnement du modèle de la Banque Culturelle, elle ne nous a pas permis d'établir la chronologie de sa circulation entre les différentes institutions. Ce dernier point a été reconstitué grâce à une série d'entretiens semi-directifs avec le personnel de l'École du Patrimoine africain, de l'ICCROM et de la Banque Mondiale. Les tensions au sein du modèle de la Banque Culturelle ont été documentées lors d'une enquête de terrain réalisée en janvier 2014 pour

---

[1] Lorenzo Diez, "Développement durable et patrimoine : un mariage de raison", *Continuité*, 2011, vol. 124, n° 3, pp. 40-43.

[2] Olivier Petit *et al*, "Identités, patrimoines collectifs et développement soutenable", *Développement durable et territoires*, 2009, n° 4, (dernière consultation le 19 mai 2014).

vérifier nos hypothèses de départ dans la perspective de la « théorie ancrée[1] » et de l'« observation participante[2] ». Lors de cette enquête, nous nous sommes rendus sur les sites de deux Banques Culturelles celle de Koutammakou (Togo) et celle de Tanéka (Bénin). Ceci nous a permis de rassembler les sources primaires sur le fonctionnement des Banques Culturelles, de réaliser des entretiens auprès des coordinateurs et des bénéficiaires de ces banques ainsi qu'auprès des autorités locales, traditionnelles et administratives pour évaluer l'acceptation de ces structures par les populations. Nous n'avons pas pu nous rendre sur le site de l'École du Patrimoine africain faute de temps, mais nous avons réalisé des entretiens auprès des représentants de l'Institut français au Togo ainsi qu'auprès des représentants de la Direction du Patrimoine culturel au sein du ministère de la Culture togolais. Cette enquête s'est révélée indispensable car elle nous a permis de comprendre les externalités négatives d'un processus de patrimonialisation mené de l'extérieur, par l'UNESCO, sur le processus de développement des zones classées. Cette enquête nous a également permis de mettre à jour le désengagement global des États togolais et béninois des questions culturelles.

Annonce de plan

Nous partirons dans une première partie du concept de « chaîne de coopération[3] » d'Howard Becker, pour analyser la genèse locale puis la diffusion régionale du modèle de la Banque Culturelle (Annexe 4). Nous distinguerons trois périodes dans le cycle du modèle de la Banque Culturelle : une période d'*éclosion* dans le village de Fombori au Mali sous l'égide d'un agent du Peacecorps, une période de *labellisation* du modèle par la Banque Mondiale suivie d'une période de *diffusion* : une première phase de *diffusion* par un

---

[1] Barney Glaser, Anselm Leonard Strauss, *La découverte de la théorie ancrée : stratégies pour la recherche qualitative*, Paris, Armand Colin, 2010.
[2] Luc Van Campenhoudt, *Manuel de recherche en sciences sociales*, Paris, Dunod, 2011 (4e éd.).
[3] Howard Becker, *Les Mondes de l'Art*, Paris, Flammarion, 2010, p. 379.

programme de cette organisation internationale intitulé « Femmes et Formation en Gestion appliquée » grâce au fonds de prévoyance du Président de la Banque Mondiale puis une seconde phase de *diffusion* sous l'égide du Ministère des Affaires étrangères et de l'École du Patrimoine africain. Pour établir la sociogenèse du modèle de la Banque Culturelle, nous prendrons pour référence le modèle de circulation des normes des auteurs constructivistes Martha Finnemore et Kathryn Sikkink ainsi que l'ouvrage de Patrick Hassenteufel sur la sociologie de l'action publique. Cette base théorique nous permettra de comprendre le processus de circulation du modèle de la Banque Culturelle en Afrique de l'Ouest à partir du rôle des « entrepreneurs de norme[1] » et des « acteurs intermédiaires[2] » situés à l'interface entre des enceintes aux codes, aux langages et aux fonctionnements différents et qui adaptent leur répertoire d'action à leurs ressources.

Dans une deuxième partie, nous analyserons plus en détail la reconnaissance du modèle de la Banque Culturelle par deux organisations internationales : la Banque Mondiale et l'ICCROM. Nous partirons de l'hypothèse selon laquelle l'intérêt que portent la Banque Mondiale et l'ICCROM à la Banque Culturelle ne peut être compris qu'à l'aune du contexte de « fenêtre d'opportunité[3] » dans ces deux organisations. À la fin des années 1990, celles-ci sont en proie au changement sous l'effet de leurs deux leaders charismatiques : James Wolfensohn et Gaël de Guichen et

---

[1] Martha Finnemore, Kathryn Sikkink. "International Norm Dynamics and Political change", *International Organization*, 1998, vol. 52, n° 4, p. 893.

[2] Olivier Nay, Andy Smith, "Les intermédiaires en politique. Médiateurs et jeux d'institutions", in *Le gouvernement du compromis. Courtiers et généralistes dans l'action politique*, Paris, Economica, 2002, pp. 12-15.

[3] Nous avons ici transposé l'expression de John Kingdon dans *Agendas, Alternatives and Public Policies*, Boston : Little Brown and Compagny, 2003, p. 174. Nous n'avons pas repris les trois variables de la mise à l'agenda des problèmes publics que sont le *problem stream*, le *policy stream* et le *political stream* mais simplement l'idée selon laquelle cette « mise à l'agenda » n'est pas liée à un acteur en particulier mais à un contexte « Les fenêtres d'opportunité politique correspondent donc à des moments d'ouverture de l'agenda pour des acteurs qui sont, en conjoncture habituelle, écartés », in Patrick Hassenteufel. *Sociologie politique : l'action publique*, Paris, Armand Colin, 2011 (2e éd.), p. 61.

sous celui du changement de paradigme qui affecte leurs champs respectifs : celui du développement et celui de la conservation des biens culturels. À la Banque Mondiale, la « lutte contre la pauvreté » ouvre la voie à de nouvelles approches du développement compris comme élargissement de la gamme de choix des populations et comme système multidimensionnel incluant, entre autres, l'économie, les institutions et la culture. Le programme « *knowledge bank* » donne naissance, pour sa part, à de nouvelles arènes de discussion et de sélection de projets au sein de la Banque Mondiale consacrant ainsi l'approche « *bottom-up*[1]». À l'ICCROM, le changement se manifeste par l'adoption de la « conservation préventive » qui révolutionne le champ muséal en privilégiant la conservation des biens culturels sur leur restauration. La réappropriation du projet des Banques Culturelles par ces deux organisations internationales sera décryptée grâce aux articles sur « le changement dans les organisations internationales[2] ».

Enfin, nous nous intéresserons à l'articulation entre les concepts de patrimoine culturel et de développement au sein du modèle de la Banque Culturelle. Nous comparerons ici deux cas d'étude, celui des banques maliennes de Fombori et de Dimbal et celui des Banques Culturelles de Koutammakou (Togo) et de Tanéka (Bénin) pour comprendre de manière empirique les points de tensions et de convergences entre les enjeux du développement et de la conservation des biens culturels (Annexes 5 et 6). Le premier cas d'étude nous permettra de comprendre le rôle actif de la Banque Culturelle dans la protection du patrimoine culturel en cas de conflit. Nous étudierons comment, par la pratique du dialogue inculquée aux

---

[1] « La démarche '*bottom-up*' (de bas en haut) consiste, en matière scientifique, à partir de données élémentaires pour remonter vers les formes d'organisations plus globales. À l'opposé, la méthode *top-down* (de haut en bas) consiste à partir d'un système global pour le décomposer en ses éléments constituants », in Jean-François Dortier, « Bottom up », *Dictionnaire des sciences sociales*, Auxerre, Sciences humaines, 2013, p. 30.

[2] Partant de l'article d'Olivier Nay et Frank Petiteville, "Éléments pour une sociologie du changement dans les organisations internationales", *Critique internationale*, 2011, vol. 53, n° 4, pp. 9-20.

villageois et leur responsabilisation dans la protection du patrimoine culturel, celle-ci a permis la recréation d'une « solidarité communautaire[1] », en dépit des dissensions religieuses et ethniques. Le second cas d'étude nous permettra de comprendre le parallélisme entre processus de *patrimonialisation* et processus de *développement*, lesquels nécessitent une appropriation de la part des populations locales et tendent à devenir interdépendants au sein du modèle de la Banque Culturelle. Il nous permettra également de comprendre en quoi la notion de « garantie » cristallise les tensions au sein du modèle de la Banque Culturelle, entre tenants de la logique patrimoniale et ceux de la logique financière. Au terme de ces deux cas d'étude, nous proposerons une réflexion plus générale sur l'articulation entre échelles locale et internationale, s'articulant elles-mêmes entre les concepts de patrimoine culturel et de développement. Nous postulerons ici que l'interpénétration des échelles (locale et internationale) ainsi que des concepts (patrimoine culturel et développement) au sein des programmes internationaux relève d'une recherche de crédibilité de la part des acteurs : les acteurs de l'échelle internationale, faisant du patrimoine culturel le gage de la prise en compte des problématiques locales et les acteurs de l'échelle locale, font du développement une incitation à la protection du patrimoine local. Dans la lignée du courant transnationaliste et des '*postcolonial studies'*, nous conclurons au désengagement progressif de l'État en développement de ses prérogatives régaliennes : par un rétrécissement de la distance entre les OI et les ONG d'un côté et les sociétés de l'autre. Marieke Louis, grâce au concept de « multilatéralisme social[2] », fait correspondre à l'intégration de nouveaux *enjeux* sociaux celle de nouveaux *acteurs* issus de la société civile sur la scène internationale. Notre sujet d'étude nous permettra de mettre en lumière une des limites du multilatéralisme social. Ce multilatéralisme se

---

[1] Émile Durkheim, *De la division du travail social*, Paris, PUF, 2004 [1930], 6e éd., pp. 28-34.

[2] Marieke Louis, *L'organisation internationale du travail et le travail décent : un agenda social pour le multilatéralisme*, Paris, L'Harmattan, 2011, pp. 17-18.

caractérise par une *sectorisation* de l'agenda du développement qui va jusqu'à prendre en compte l'objectif de la préservation du patrimoine culturel (inclusion d'un nouvel enjeu : le patrimoine culturel). Cette sectorisation des programmes internationaux, en incluant toujours plus de prérogatives propres à l'État, accentue la *décentralisation* des États d'Afrique de l'Ouest dans le domaine de leur politique culturelle (inclusion de nouveaux acteurs : les communautés). Cette décentralisation, loin de rimer avec le renforcement de l'État, signe le désengagement de celui-ci pris en étau entre acteurs locaux et internationaux.

PREMIÈRE PARTIE

LE RÔLE DES « ENTREPRENEURS DE MODÈLE » DANS LA DIFFUSION DES BANQUES CULTURELLES EN AFRIQUE DE L'OUEST

La trajectoire du modèle de la Banque Culturelle est originale en ce qu'elle mobilise tous les *acteurs* de la scène internationale, de la communauté locale à l'organisation internationale, en passant par les individus, les ONG et les fondations. Le concept de « chaîne de coopération[1] » issu de l'ouvrage *Les Mondes de l'Art* d'Howard Becker nous sera utile pour analyser la régionalisation de ce modèle local grâce à l'œuvre d'une succession d'acteurs interdépendants, interagissant tantôt sur le mode du pur conflit, tantôt de la pure coordination en passant par des situations de concurrence ou de collaboration. L'étude de la circulation des modèles de développement n'ayant pas fait l'objet d'une littérature abondante, nous tenterons d'en proposer un exemple en partant de la théorie du « cycle de vie » des normes de Martha Finnemore et Kathryn Sikkink[2].

Selon leur modèle, la trajectoire d'une norme sur la scène internationale s'articule autour de trois périodes : son « émergence », son adoption en « cascade » par une « masse critique d'États » puis son « internalisation » par ceux-ci[3]. Chacune des trois périodes est caractérisée par une dynamique propre : celle du travail de *persuasion* des « entrepreneurs de normes[4]» sur les États, celle du processus de *socialisation* par lequel les États reconnaissent une norme grâce au travail d'institutionnalisation des organisations

[1] Howard Becker, *op. cit.*, p. 379.

[2] Martha Finnemore et Kathryn Sikkink, *op. cit.*, pp. 887-917.

[3] *« Norm influence may be understood as a three-stage process. As shown in Figure 1, the first stage is "norm emergence"; the second stage involves broad norm acceptance, which we term, following Cass Sunstein, a "norm cascade"; and the third stage involves internalization »*, in *ibid.*, p. 895.

[4] *Ibid.*

internationales puis celle de l'*internalisation* des normes par incorporation dans l'arsenal juridique d'un État. Ce modèle semble pertinent pour analyser la trajectoire du modèle des Banques Culturelles. La période d'*émergence* du modèle se subdivise en deux étapes. Une première étape de *création* par la population locale de Fombori est initiée sous l'égide Aissata Ongoiba, la leader locale et Todd Crosby, un agent du Peacecorps. Une deuxième étape lui succède, celle de la *traduction* de ce modèle dans les termes de la Banque Mondiale par un entrepreneur de norme, Todd Crosby (Ch1). Cette première période est suivie par l'*adoption* du modèle de la Banque Culturelle par la Banque Mondiale qui l'institutionnalise. Cette *institutionnalisation* consiste à son tour en une *labellisation* du concept de 'Banque Culturelle' puis en une *diffusion* du modèle dans deux autres villages maliens : Kola et Degnekoro (Ch2). Une fois le modèle institutionnalisé, le Togo et le Bénin se « socialisent » au modèle par le biais d'une autre organisation internationale, l'ICCROM, qui entame une phase de *régionalisation* des Banques Culturelles en Afrique de l'Ouest grâce au soutien du Ministère des Affaires étrangères (Ch3). Le modèle du « cycle de vie[1]» des normes nous permettra d'analyser la circulation du modèle de la Banque Culturelle en fonction des ressources et des répertoires d'actions des différents acteurs[2].

---

[1] Martha Finnemore et Kathryn Sikkink, *op. cit.*, pp. 887-917.

[2] Néanmoins, la correspondance entre ce modèle théorique et notre cas d'étude n'est pourtant pas parfaite. Dans le modèle théorique, l'entrepreneur de norme est issu d'une ONG alors qu'il s'agit dans notre cas d'un agent d'une organisation gouvernementale – Todd Crosby – et d'une fonctionnaire d'une organisation internationale – Jerri Dell ; la phase d'institutionnalisation de la norme est le fait non d'une mais de deux organisations internationales : la Banque Mondiale et l'ICCROM. Enfin, la socialisation des États qui en découle ne prend pas une dimension internationale mais régionale.

CHAPITRE 1

L'EMERGENCE D'UN MODELE ORIGINAL PORTE PAR UN ENTREPRENEUR DE NORME

La période d'émergence d'une norme sur la scène internationale est subordonnée, selon Martha Finnemore et Kathryn Sikkink, à deux conditions : l'existence d'entrepreneurs de normes capables de créer un « cadre cognitif[1] » pour ménager l'acceptation de cette norme et celle d'une « plate-forme organisationnelle[2] » qui leur permettent de promouvoir cette nouvelle norme. La trajectoire du modèle de la Banque Culturelle, que nous pouvons définir comme une norme constitutive « *which create new actors, interests, or categories of action*[3] » semble pouvoir être analysée à l'aune de ce modèle constructiviste. Ainsi interpréterons-nous le rôle de Todd Crosby comme celui d'un entrepreneur de norme ayant à la fois créé le modèle de la Banque Culturelle (1), diffusé celui-ci en le traduisant dans un langage intelligible pour les bailleurs de fonds (2) et promu ce dernier en imaginant une plate-forme organisationnelle à même de le représenter lors du forum du Development Marketplace de la Banque Mondiale[4] : l'association African Cultural Conservation Fund (ACCF).

---

[1] « *The construction of cognitive frames is an essential component of norm entrepreneurs' political strategies.* » / « La construction d'un cadre cognitif est une composante essentielle de la stratégie politique des entrepreneurs de normes. » Traduction de l'auteure [doréravant indiqué TdA], in Martha Finnemore et Kathryn Sikkink, *op. cit.*, p. 897.

[2] *Ibid.*, p. 899.

[3] « Qui crée de nouveaux acteurs, intérêts, ou catégories d'action. » TdA, *ibid.*, p. 891.

[4] Le *Development Marketplace* est un forum de la Banque Mondiale qui sélectionne chaque année des projets de développement innovants. Nous reviendrons plus en détail sur ce forum par la suite.

1. Le processus de gestation de la Banque Culturelle au cœur du village de Fombori

Le processus d'émergence du modèle de la Banque Culturelle n'a pas été un processus linéaire, issu d'un modèle théorique préétabli et appliqué tel quel dans un village malien, mais une succession d'échecs, ayant permis au modèle de s'affiner et de s'adapter aux conditions locales. Après une brève explication du phénomène contre lequel la Banque Culturelle entend lutter, celui du pillage des biens culturels en pays Dogon, ainsi que du contexte juridique dans lequel le modèle de la Banque Culturelle s'inscrit, nous étudierons les raisons de l'échec de deux premières initiatives dans le village de Fombori : celui d'une coopérative de femmes et celui d'un musée communautaire, pour comprendre le travail de synthèse effectué par Todd Crosby, le créateur du concept de la Banque Culturelle.

L'origine du pillage des biens culturels en pays Dogon

Avant de retracer le jeu d'interactions entre les différents acteurs ayant permis l'émergence et la diffusion de ce modèle, il semble nécessaire de retracer brièvement l'historique du pillage des biens culturels au Mali, sévissant de manière particulièrement intense en pays Dogon. Le phénomène prend sa source durant la période coloniale, alors que des collectionneurs européens entament des missions de collecte de fonds pour les musées ethnographiques de leurs métropoles. L'influence de l'Art Dogon sur le mouvement cubiste dans les années 1920, notamment sur les œuvres de Picasso et de Braque, l'étude approfondie qu'en fournit l'ethnologue Marcel Griaule et l'augmentation du tourisme dans la zone au cours de la décennie suivante, ne font qu'intensifier l'hémorragie. Dans les années 1940, l'art Dogon est un art prisé par les collectionneurs de la capitale qui apprécient « son style, son symbolisme cosmologique et sa signification rituelle[1] ».

[1] Tara Deubel, "Conserving cultural heritage with micro-credit: a case study of the

Dans la seconde moitié du siècle, sous l'effet d'une conversion massive à l'islamisme, les Maliens délaissent peu à peu le patrimoine vaudou et se trouvent contraints, par la sécheresse endémique et l'insécurité alimentaire, de vendre leurs plus belles pièces patrimoniales : statues en bois, masques, portes incrustées[1]. En 1990, le flux est devenu si puissant que sur l'intégralité des sites archéologiques maliens, 45 % ont été la cible de pillages. Ce trafic, qui ne se borne pas aux frontières du Mali, mais touche la vaste majorité des pays en développement dont le patrimoine ne fait pas l'objet d'une protection suffisante, se situe aujourd'hui en troisième position après les trafics d'armes et de drogue tout en utilisant les mêmes canaux[2]. Selon Chloé Maurel, ce trafic suit invariablement le même cheminement : les pilleurs effectuent des fouilles illicites sur des sites archéologiques puis vendent les objets aux antiquaires locaux qui les revendent aux collectionneurs et aux marchands d'Art occidentaux. Au fil de leurs reventes, de leurs participations à des expositions et de leurs circulations transfrontalières, les objets sont « blanchis » et acquièrent un « pedigree », atteignant ainsi des prix extravagants à leur arrivée dans les ventes aux enchères[3]. Pour lutter contre ce fléau, des mesures nationales et internationales ont été entreprises par l'État malien et l'UNESCO. La lutte contre le pillage des biens culturels est mise à l'agenda international en 1970 par la « Convention concernant les mesures à prendre pour interdire et empêcher l'importation, l'exportation et le transfert de propriété illicites des biens culturels[4] » reconnaissant au patrimoine des droits humains

---

dogon culture bank in Fombori, Mali". Master thesis : Anthropology, Arizona : University of Arizona, 2003, pp. 11-13.

1 Tara Deubel, *op. cit.*

2 Soit une masse monétaire de 2 à 4,5 millions d'euros.

3 Chloé Maurel. "Que fait l'UNESCO pour le patrimoine culturel africain ?", *Africultures*, 2007, vol. 70, n° 1, p. 155.

4 UNESCO, "Convention concernant les mesures à prendre pour interdire et empêcher l'importation, l'exportation et le transfert de propriété illicites des biens culturels", Paris, le 14 novembre 1970.

et l'intégrant ainsi dans le corpus des droits politiques[1]. Cette convention n'a pas été ratifiée par les plus grands importateurs d'Art dit « primitifs » à l'exception des États-Unis, du Canada, de l'Australie, de l'Argentine et de l'Italie. Au niveau national, le président Konaré, archéologue de formation, interdit l'exportation des antiquités en 1985 et initie un accord bilatéral avec le Département d'État des États-Unis en 1993 intitulé « *Cultural property agreement* » pour interdire l'exportation aux USA de biens culturels venant de la zone du delta du Niger et de la zone de Bandiagara[2]. Malgré cette volonté affichée par les instances nationales et internationales d'arrêter l'hémorragie, ce dépeçage progressif ne cesse pourtant de croître et alimente aujourd'hui le débat au sujet des restitutions de la part des musées et des grands collectionneurs. Cette revendication est portée par le Groupe des 77 à l'Assemblée générale des Nations Unies[3] sur la base de deux arguments majeurs : celui de l'appartenance des biens culturels à un système de signification local et celui de l'« échange inégal[4] » et postcolonial entre pays du Nord et pays du Sud[5].

---

[1] Convention de l'UNESCO concernant les mesures à prendre pour interdire et empêcher l'importation, l'exportation et le transfert de propriété illicite des biens culturels, 14 novembre 1970, http://portal.unesco.org/fr/ev.phpURL_ID=13039&URL_DO=DO_TOPIC&URL_SECTION=201.html (dernier accès le 24 avril 2014).

[2] Tara Deubel, *op. cit.*, p. 14.

[3] Toutes les Résolutions de l'Assemblée générale des Nations Unies sur le retour et la restitution des biens culturels depuis 1972 sont répertoriées sur le site internet suivant : http://portal.unesco.org/culture/fr/ev.php.

[4] Expression empruntée à Samir Amin dans *L'Échange inégal et la loi de la valeur : la fin d'un débat,* Paris, Anthropos-IDEP.

[5] Au sein de ces débats, les différents types de biens pillés sont souvent amalgamés, et il est nécessaire de les distinguer : « Il y a trois cas distincts. Tout d'abord, les objets qui ont quitté l'Afrique avant les indépendances et qui n'entrent pas toujours dans la catégorie des objets dits spoliés. Il y a ensuite les objets qui ont quitté les musées africains après les indépendances, souvent avec des complicités internes. Enfin les objets provenant de fouilles clandestines très actives aujourd'hui. » In Malick N'Diaye. Entretien avec Gaël de Guichen : "Quel bilan pour les politiques de conservation en Afrique ?", *Africultures*, 2007, vol. 70, n° 1, p. 145.

La Banque Culturelle, au confluent de la coopérative de femmes et du musée communautaire

De manière complémentaire aux législations nationales et internationales, le modèle de la Banque Culturelle entend lutter, au niveau local, contre le vol et la vente illicite des biens patrimoniaux issus de ces fouilles en articulant trois activités : celle de la conservation des objets dans un lieu sûr et accessible – le *musée* –, celle de l'accession des populations rurales à un microcrédit – par la *caisse villageoise* – et celle de la formation aux activités génératrices de revenus comme l'artisanat – par le *centre de formation* –. Ce modèle tripartite est issu de deux premières initiatives ayant échoué : une coopérative de femmes et un musée communautaire auxquels a été rajouté une caisse de microcrédit, donnant ainsi naissance à la Banque Culturelle. En 1992, Aissata Ongoiba, une habitante du village de Fombori, assiste à une foire artisanale dans le village de Songhaï à quelques kilomètres de son village. Dans l'espoir se susciter le même intérêt de la part des touristes à Fombori, celle-ci décide de répliquer le modèle dans son village avec le soutien d'USC Canada. Face au succès de cette première initiative à Fombori, un deuxième groupe de femmes du même village tente alors à son tour de reproduire le modèle, ne manquant pas d'engager une rivalité certaine entre les deux groupes. Pour endiguer cette rivalité et pour lutter contre le pillage des biens culturels dans la zone, les partenaires de développement sur le terrain, Félix Cross du Peacecorps et Mariam Oulogem de l'ONG « Gestion aménagement du territoire » soutenus par différents bailleurs de fonds (USAID, USC Canada) et partenaires techniques (le Musée national du Mali et la Direction des Arts et de la Culture[1]) décident alors de créer un musée communautaire accompagné d'une boutique de vente d'artisanat pour tout le village de Fombori. Malgré cet enthousiasme des partenaires du développement, le Musée de Fombori, inauguré en 1996, connaît très rapidement de grandes difficultés de

[1] Daouda Keita, *op. cit.*, p. 118.

fonctionnement liées au refus des villageois d'apporter leurs objets culturels au musée, à la faible fréquentation du musée par les touristes malgré la proximité des grottes de Tellem, à l'augmentation des dépenses de fonctionnement et à l'incapacité du musée à conserver les objets dans de bonnes conditions. Ce second échec est alors interprété par Todd Crosby, un agent du Peacecorps, comme l'inadéquation du modèle du musée communautaire avec la réalité de Fombori. Par ce système, les habitants de Fombori, dont les revenus sont issus de l'agriculture, de l'élevage et de la revente de céréales au marché[1] se voient retirer leur droit de revendre leurs biens culturels, dont les subsides leur permettaient auparavant d'acheter leurs matières premières ou de s'assurer une maigre sécurité en cas de maladie ou de sécheresse, sans qu'aucune compensation ne soit assurée. Cette idée de *compensation* est introduite par le modèle de la « Banque culturelle » inauguré en 1997, grâce au soutien d'USAID Mali et du West African Museums Program[2]. Ce nouveau modèle associe aux deux premières idées de coopérative d'artisanat et de musée communautaire l'idée du microcrédit. Il est difficile de savoir qui des différents acteurs en présence a réellement été l'auteur du modèle de la Banque Culturelle. Le seul qui s'en attribue la parenté est Todd Crosby qui, dans un article scientifique publié en 2011, raconte sa version des faits :

> *When I arrived in Fombori in 1995, I was introduced to an enterprising group of local women who had acquired funding from the US Embassy to create a local museum. The funding was intended to serve a number of functions 1) to protect their cultural objects, 2) to protect their archeological sites, 3) to manage and encourage tourism; and 4) to promote the sales of locally produced handcrafts. I worked with these women's group to build the « Museum of Fombori » over the course of the first year of my service*[3].

[1] Tara Deubel, *op. cit.*, pp. 30-31.
[2] *Ibid.*, p. 31.
[3] « Quand je suis arrivé à Fombori en 1995, j'ai été présenté à un groupe de femmes entrepreneures qui avait acquis des financements de l'ambassade américaine pour

L'invention du storytelling de la Banque Culturelle par Todd Crosby

Fort de la réussite du nouveau modèle de la Banque Culturelle à Fombori, Todd Crosby entreprend l'élaboration de son « *story-telling*[1] », autrement dit d'un récit fondateur du modèle, en sélectionnant les éléments susceptibles de mobiliser un réseau de soutiens autour des Banques Culturelles. Ce *story-telling* s'articule autour d'une réflexion empirique, sur la distinction entre l'échec des deux premiers modèles et la réussite du dernier, expliquée par la prise de conscience progressive de la nécessité d'une appropriation du modèle par les populations et d'une réflexion théorique, la théorie des capitaux de Bourdieu. Le *storytelling* que nous tentons de reconstituer ici n'est pas un processus figé, mais continu. Son versant empirique est formulé dès 1998 dans un article de presse publié dans le journal *Cultural Heritage* en 1998[2] (Annexe 7) et approfondi dans un article scientifique en 2011. Son versant théorique n'est exprimé, pour sa part, qu'en 2011 et nous pouvons supposer qu'il s'agit d'une relecture a posteriori du modèle par son auteur.

Dans son article de 1998, Todd Crosby reprend l'histoire des échecs successifs de la coopérative de femmes et du musée communautaire pour accentuer, par contraste, la réussite de la Banque Culturelle. Le modèle apparaît d'autant plus solide qu'il a tiré les leçons des deux initiatives précédentes, notamment celle de sa nécessaire *appropriation* par les populations.

> *At the suggestion of the local Peace Corps advisor, the village reevaluated the museum's design and purpose. In*

---

créer un musée local. Les financements étaient sensés remplir un certain nombre de fonctions 1) protéger les objets culturels, 2) protéger les sites archéologiques, 3) gérer et encourager le tourisme, 4) promouvoir la vente de produits artisanaux produits localement. J'ai travaillé avec ce groupe de femmes pour construire le 'Musée de Fombori' pendant la première année de mon service. » TdA, à partir de Frederic F. Wherry, Todd V. Crosby, *op. cit.*, pp. 140-141.

[1] Notion inventée par Christian Salmon. « Storytelling », in Jean-François Dortier. *Dictionnaire des sciences sociales*, Auxerre : Sciences humaines, 2013, p. 339.

[2] Todd Crosby, Katharina, Ebbe, "The Culture bank: a community-based museum provides micro-credit", *Cultural Heritage: an urban special issue, Urban development sector,* sept. 1998.

collective meetings, it was decided that the museum must become not only financially viable, but also a positive focal point of interest for the community. It was also clear that an incentive was needed to encourage villagers to deposit their possessions in the museum[1].

Todd Crosby revient ensuite plus précisément sur la création du concept de Banque Culturelle :

During the discussions, the concept of the Culture Bank was born when the village decided to establish a program of credit in exchange for the display of ceremonial objects. The village meeting also decided to: improve the museum's infrastructure; and change the museum's tourist orientation to a local one, with activities of interest to the surrounding population[2].

Dans son article de 2011, il développe les manifestations tangibles de cette appropriation au cours des différentes phases de mise en place d'une Banque Culturelle. Pendant la phase de création, l'appropriation se manifeste par l'expression, par les populations, de leurs besoins réels. Puis, pendant la phase de construction, celle-ci se manifeste par leur participation au chantier. Une fois la mise en place achevée, la population doit s'engager à contribuer au fonctionnement du musée, par le dépôt de leurs biens culturels, et au fonctionnement du centre de formation par l'organisation d'ateliers et de festivals autour de la conservation des œuvres :

In our conversation with people, we explored with the community how we could revitalize the museum to make it

---

[1] « Sur proposition du conseiller local des Peace Corps, le village a réévalué le design et l'objectif du musée. Pendant les réunions collectives, il a été décidé que le musée ne devait pas être seulement viable financièrement, mais devait devenir un point focal de l'intérêt de la communauté. Il était clair qu'une incitation était nécessaire pour encourager les villageois à déposer leurs possessions dans le musée. » TdA, à partir de Todd Crosby, Katharina Ebbe, *op. cit.*

[2] « Durant les discussions, le concept de Banque Culturelle est né quand le village a décidé d'établir un programme de crédit en échange de l'exposition des objets cérémoniaux. La réunion de village a également permis de décider : d'améliorer l'infrastructure du musée et de réajuster la focale touristique du projet vers un mieux-être des populations, en proposant des activités bénéficiant aux populations alentours. » TdA, *ibid.*

more beneficial and engaging for the local people. First, it was decided to take the focus off tourism, an independent source of income at that point, and rather focus on meeting the various needs of the local population[1].

Il livre ensuite le bilan des discussions avec les populations locales pour faire comprendre au lecteur le changement de perspective de cette nouvelle initiative. Ce projet n'est en effet plus tourné vers le tourisme, mais vers le bien-être des populations :

The people wanted literacy programs to help them with their business, so we transformed the museum's office into a classroom space and outfitted it with desks and chalkboards. Local teachers taught language, literacy and numeracy classes so that adults and children could learn how to read and write in Dogon[2].

Ce sont donc les populations qui décident à la fois, sur le fond – des attributions de la Banque Culturelle – et sur la forme – de l'application du programme :

Some people did not like the way the objects in the buildings were being displayed; we reworked the exhibition and redecorated the museum according to local tastes and because most local people could not read we recorded tours in local languages. Collectively, we identified a host of events that would engage the community[3]...

---

[1] « Durant nos conversations avec les gens, nous avons exploré avec la communauté la manière dont nous pouvions revitaliser le musée pour le rendre bénéfique et engageant pour les populations locales. Il a premièrement été décidé de ne plus porter la focale sur le tourisme, une source de revenus indépendante jusqu'alors, mais de favoriser la satisfaction des besoins des populations locales. » TdA, à partir de Frederic F. Wherry, Todd V. Crosby, *op. cit.*, p. 146.

[2] « Les populations voulaient des programmes d'alphabétisation pour les aider dans leur travail, nous avons donc transformé l'office du musée en salle de classe et nous l'avons équipée avec des chaises et des tableaux noirs. Les professeurs locaux enseignaient la langue, la littérature et les mathématiques pour que les adultes et les enfants puissent apprendre à lire et à écrire en dogon. » TdA, *ibid.*

[3] « Certaines personnes n'aimaient pas la manière dont les objets étaient disposés; nous avons retravaillé l'exposition et redécoré le musée selon les goûts locaux et comme la plupart des gens ne savaient pas lire nous avons enregistré des disques en langue locale. Collectivement, nous avons identifié une série d'événements qui allait engager la communauté... » TdA, *ibid.*

Cette nécessité de l'appropriation de la Banque Culturelle par les villageois, doit également être remise en perspective avec la double acculturation que celle-ci représente, dans la mesure où les modèles du musée et du mont de piété sont tous deux issus de la tradition occidentale, l'un en tant que produit des Lumières[1] et l'autre en tant qu'héritage de la tradition Lombarde[2], et sont susceptibles de susciter critiques et méfiance de la part des acteurs locaux[3].

Dans cet article de 2011, Todd Crosby élabore le versant théorique de ce *storytelling*. En dépit de l'écho que ce modèle semble faire au principe du don-contre-don maussien, qui conditionne la cohésion des groupes sociaux à la triple obligation de donner, de recevoir et de rendre ou encore à la « décommodification » des biens culturels selon un schéma polanyien, c'est la théorie bourdivine qui est mobilisée par le penseur de la Banque Culturelle. Dans son article de 2011, les concepts de capital culturel, social et économique lui permettent de resituer l'innovation majeure que constitue la Banque Culturelle dans l'histoire des Banques de microcrédit issues du modèle de Mohammed Yunus. Il commence par mettre en parallèle les deux sortes de capital :

> *In the grameen model, social capital- the capacity to mobilize resources by virtue of social ties (Portes and Sesenbrenner 1993) –reduces the likehood of a loan default. In the culture bank model, symbolic capital- the*

---

[1] Selon Yves Robert, le modèle du musée moderne est le produit de la double mouvance humaniste et utopiste des Lumières européennes en tant qu'institution de vulgarisation des connaissances à tous et qu'institution publique visant au progrès universel. Yves ROBERT, "Musées en Afrique entre universalité et singularité : réflexions et propositions", in Anne-Marie Bouttiaux, (dir.) *Afrique : musées et patrimoines pour quels publics* ? Paris, Karthala, 2007, pp. 14-15.

[2] Site du Mont de piété Berg Van Barmhartigheid http://www.montdepiete.be/index.php?page=presentation (dernière consultation le 16 mars 2014).

[3] Voir la déclaration d'Alpha Oumar Konaré le président de l'ICOM en 1991 « Il est temps, grand temps, ce nous semble, de procéder à une totale remise en cause, le 'tuer', je dis tuer, le modèle occidental de musée en Afrique pour que s'épanouissent de nouveaux modes de conservation et de promotion du patrimoine (…) Je regrette (…) que les professionnels africains n'aient pas engagé une réflexion plus délibérément éloignée du modèle occidental de musée », in *Quels Musées pour l'Afrique, patrimoine en devenir*, Actes de rencontres Bénin-Ghana-Togo 18-23 novembre 1991, Éditions de l'ICOM, 385/387, Paris, 1992.

capacity to inspire deference in others by virtue of the meaningful icons and collective narrative one wields (Bourdieu 1984)– increase the likehood that local cultural heritage is maintained, social relationships strengthened, and small-business loans collateralized[1].

Puis il expose l'originalité du concept de Banque Culturelle dans le champ du microcrédit :

The culture bank represents a new model of micro lending that provides loans in return for local cultural objects as collateral. Similar to the Grameen bank model, where clients form solidarity groups to gain access to credit and reduce lending risk, the culture bank relies on social solidarity not only to enforce repayment but to further its goals of conservation and management of local cultural heritage[2].

Avant de proposer une relecture théorique de ce modèle en s'appuyant sur les concepts de Pierre Bourdieu :

Using a unique <u>loans</u> system, the Culture Bank transforms local symbolic capital, namely the stories embodied in cultural objects, into a variety of forms of capital that provide tangible benefits to local people, creating an incentive for communities to manage their heritage resources sustainably[3].

---

[1] « Au sein du modèle de la Grameen Bank, le capital social – la capacité à mobiliser des ressources par le biais des liens sociaux (Portes and Sesenbrenner 1993) – réduit la potentialité d'un défaut de crédit. Dans le modèle de la Banque Culturelle, le capital symbolique – la capacité à inspirer de la déférence aux autres par le biais des icônes symboliques et des récits collectifs – accroit les chances de conserver le patrimoine culturel local, de renforcer les relations sociales et de garantir le versement de microcrédits. » TdA, à partir de Frederic F. Wherry, Todd V. Crosby, *op. cit.*, p. 139.

[2] « La Banque Culturelle représente un nouveau modèle de microcrédit fournissant des crédits en échange d'objets culturels locaux. Comme le modèle de la Grameen Bank, au sein de laquelle les clients forment des groupes de solidarité pour avoir accès au crédit – ce qui réduit les risques de non-remboursement –, la Banque Culturelle dépend de la solidarité sociale non seulement pour assurer les remboursements mais aussi pour satisfaire son objectif de conservation et de gestion du patrimoine culturel local. » TdA, *ibid.*

[3] « En utilisant un système de crédit inédit, la Banque Culturelle transforme le capital symbolique local, notamment les histoires incarnées par les objets culturels, en une variété de formes de capital qui fournissent des bénéfices tangibles aux populations locales, en incitant les communautés à gérer durablement leurs ressources patrimoniales. » TdA, *ibid.*

Partant de son exégèse personnelle de la théorie bourdivine, Todd Crosby oppose donc, à la conversion du capital social en capital économique par la Grameen Bank celle du capital symbolique en capital économique par la Banque Culturelle[1]. Selon lui, la Banque Culturelle se distingue d'une simple banque de microcrédit dans la mesure où la garantie de remboursement ne repose pas seulement sur la force des liens sociaux au sein de la communauté, mais également sur le caractère sacré des objets déposés. Il explique le fonctionnement du capital symbolique à l'aune du concept de « totem » développé par Émile Durkheim dans *Les Formes élémentaires de la vie religieuse* qui reflète à la fois la divinité et le groupe social. Selon Todd Crosby, de même que le totem, les objets sacrés placés dans la Banque Culturelle offrent une double garantie de remboursement des villageois, par la crainte de la divinité et par celle des autres membres du groupe social :

> *The sacred character of the totem does not inhere in the animal, plant or object itself. The divinity represented by the totem reflects both the divinity and the social group. The divinity represented by the totem stands above from the social group. The social group remains dependent on the divinity for protection and for nurturance. Similarly the social group requires the individuals comprising it to subsume individual interests for the sake of the collective*[2].

Après avoir reconstitué la conception et la formulation générale de la Banque Culturelle par son auteur, nous allons maintenant voir comment cet acteur a traduit ce modèle dans un langage intelligible pour les bailleurs de fonds

[1] Concrètement, la « conversion » du capital symbolique en capital économique correspond à la conversion de la valeur historique de l'objet en valeur monétaire d'un microcrédit, l'équivalence étant jaugée en fonction du pourcentage de réponses fournies par le dépositaire sur une grille de questions sur une échelle de 100 dollars.

[2] « Le caractère sacré des totems n'est pas inhérent à l'animal, à la plante ou à l'objet lui-même. La divinité représentée par le totem reflète à la fois la divinité et le groupe social. La divinité représentée par le totem dépasse le groupe social. Le groupe social reste dépendant de la divinité pour sa protection et sa nourriture. De la même manière, le groupe social requière les individus qui le composent pour intégrer les intérêts individuels pour l'intérêt du collectif. » TdA, à partir de Frederic F Wherry, Todd V. Crosby, *op. cit.*, p. 150.

internationaux, afin d'assurer la pérennisation et la duplication de l'initiative à l'échelle du Mali.

2. Le rôle de traducteur de Todd Crosby, agent du Peacecorps

Le véritable rôle de Todd Crosby dans l'émergence de la norme « Banques Culturelles » a moins été celui d'un créateur que celui d'un traducteur, puisque l'essentiel de son travail a consisté à universaliser ce modèle particulier grâce à un langage conceptuel, susceptible de plaire aux bailleurs de fonds et notamment à la Banque Mondiale. Selon Patrick Hassenteufel, la notion de *traduction* fait l'objet de trois types de problématisation qu'il est possible de combiner :

> dans le cadre de l'analyse littéraire (la traduction comme recréation d'un texte original), dans le cadre de la sociologie des sciences (la traduction comme reproblématisation, négociation et mobilisation d'acteurs) et dans le cadre de la science politique (la traduction comme inscription dans un contexte institutionnel et politique)[1].

Bien que ce modèle soit issu de l'analyse des politiques publiques, il offre un cadre conceptuel particulièrement adapté à l'étude d'un projet modeste de développement et de conservation du patrimoine.

La *traduction* de la Banque Culturelle par Todd Crosby articule ces différents cadres d'analyse : il s'agit d'une traduction littéraire de ce projet entre plusieurs langues et plusieurs niveaux de langage, d'une traduction sociologique permettant de passer d'un modèle cognitif à un autre grâce à l'action d'un acteur intermédiaire et d'une traduction institutionnelle du modèle sous la forme d'une ONG pour opérer sa diffusion du niveau local au niveau régional. Grâce à cette base théorique, la traduction du concept de la Banque Culturelle sera analysée du point de vue de son contenu – sa présentation littéraire, de son auteur – un acteur à l'interface entre le village de Fombori au Mali et la Banque Mondiale à

[1] Patrick Hassenteufel, *op. cit.*, p. 284.

Washington – et de son support – l'ONG African Cultural Conservation Fund. Nous garderons néanmoins à l'esprit que cette traduction ne se tourne que vers un objectif unique : celui de la sélection de la Banque Culturelle lors du forum « Development Marketplace » de 2002, à la Banque Mondiale.

Dans la mesure où nous ne disposons pas du discours de Todd Crosby à la Banque Mondiale, nous nous sommes basés sur la présentation des Banques Culturelles sur son blog datant du 11 juillet 2001[1], soit quelques mois avant le Development Marketplace. Nous avons choisi de mettre cet article en parallèle avec la présentation qui figure aujourd'hui sur le site du Development Marketplace, que nous supposons avoir été écrite par Todd Crosby lui-même ou avoir été, du moins, inspirée par son argumentation lors de cet événement. Ceci nous permettra de prendre la mesure du succès de l'entreprise de traduction de Todd Crosby mais aussi, de manière plus globale, de comprendre l'importance de l'énonciation des projets de développement dans leur sélection par les bailleurs de fonds.

La traduction littéraire du modèle de la Banque Culturelle

La présentation du principe de la Banque Culturelle de 1998 a fait l'objet d'une double *traduction* pour devenir celle énoncée lors du Development Marketplace. Elle a fait l'objet d'une traduction entre plusieurs langues d'une part, puisque Todd Crosby la transpose du bambara et du français à l'anglais et entre plusieurs niveaux de langage, d'autre part, puisque cette présentation conçue dans des termes simples et informels à Fombori, est exprimée dans un langage formel et jargonnant dans l'enceinte de Banque Mondiale. Nous nous éloignerons, pour qualifier cette traduction, de la *traduction littéraire* analysée par Patrick Hassenteufel sous l'angle de l'intraduisibilité inhérente à tout processus de traduction, et nous lui préfèrerons la traduction comme « processus de

[1] Blog de Todd Crosby sur le site du Peacecorps : http://peacecorpsonline.org/messages/messages/467/3138.html (dernière consultation le 15 mai 2014).

négociation » au sens d'Umberto Eco[1]. Cette définition présente le double avantage d'accentuer le rôle actif du traducteur dans le processus de traduction et de souligner le caractère construit et nullement acquis de la traduction tournée vers un objectif précis. Ces deux caractéristiques renvoient à la théorie du « cycle de vie » des normes de Martha Finnemore et Kathryn Sikkink, pour qui le travail de persuasion d'un entrepreneur de norme est un construit social consistant à présenter la nouvelle norme comme la solution incontournable d'un problème particulier :

> *Norm entrepreneurs are critical for norm emergence because they call attention to issues or even "create" issues by using language that names, interprets, and dramatizes them. Social movement theorists refer to this reinterpretation or renaming process as "framing"*[2].

Elles définissent ensuite de manière plus précise le concept de cadre de travail :

> *The construction of cognitive frames is an essential component of norm entrepreneurs' political strategies, since, when they are successful; the new frames resonate with broader public understandings and are adopted as new ways of talking about and understanding issues. In constructing their frames, norm entrepreneurs face firmly embedded alternative norms and frames that create alternative perceptions of both appropriateness and interest*[3].

---

[1] Umberto Eco. *Dire presque la même chose : expériences de traduction*, Paris, Grasset, 2007.

[2] « Les entrepreneurs de normes sont cruciaux pour l'émergence de la norme dans la mesure où ils attirent l'attention sur des questions, voire créent des questions, en utilisant un langage qui les nomme, les interprète et les dramatise. Les théoriciens des mouvements sociaux se réfèrent à ce processus de réinterprétation et de requalification par le terme d'"encadrement". » TdA, à partir de Martha Finnemore, Kathryn Sikkink, *op. cit.*, p. 897.

[3] « La construction de cadres cognitifs est une composante essentielle des stratégies politiques des entrepreneurs de normes dans la mesure où, quand ils réussissent, les nouveaux cadres obtiennent un écho plus large et sont adoptés en tant que nouvelles manières de qualifier et de comprendre ces questions. En construisant leurs cadres, les entrepreneurs de normes font face à des normes et à des cadres alternatifs intégrés qui créent des perceptions alternatives de l'appropriation et de l'intérêt. » TdA, *ibid.*

Todd Crosby, en tant qu'entrepreneur de norme, invente un cadre cognitif autour de la Banque Culturelle, pour augmenter l'adhésion du jury et du public lors du forum du Development Marketplace.

Le « titre percutant (*naming*)[1]» correspond ici à l'adoption d'un concept concis, séduisant et original, celui de « Banque Culturelle », rapprochant de manière oxymorique les notions de « Banque » et de « Culture ». La binarité du concept est rendue de la manière suivante sur le site du Development Marketplace « *The Culture Bank is not merely a microfinance operation nor only a museum. Instead, it is an entirely new phenomenon created by merging both of these components*[2] ».

L'« angle d'attaque (*interpreting*)[3]» consiste en une sélection partiale de certains événements de la genèse de la Banque Culturelle cadrant de manière idéale avec le vocable de la Banque Mondiale à la fin des années 1990. Trois éléments présents sur son blog en 2001 sont susceptibles d'avoir suscité l'attention de cette organisation. D'une part, la présentation du projet de la Banque Culturelle comme ayant été l'initiative d'une femme peut avoir renvoyé aux notions de « genre » et d'« *empowerment* », chères à la Banque Mondiale à l'époque[4]. Ainsi Todd Crosby raconte-t-il la découverte d'une coopérative de femmes par Aissata Ongoiba, une habitante de Fombori, dans un village voisin :

> *In 1993, while visiting relatives in a nearby village in Northern Mali, Aissata Ongoiba was amazed to see the amount of money that the local women made by organizing an exhibit and selling their crafts to passing tourists*[5].

---

[1] « Qualification ».TdA.

[2] Présentation des Banques Culturelles sur le site du Development Marketplace de la Banque Mondiale : http://wbi.worldbank.org/wbdm/idea/building-creative-communities-mali.

[3] « Interprétation ».TdA.

[4] Ce fait nous a été confirmé par Jerri Dell, une consultante du World Bank Institute's Community Empowerment and Social Inclusion team (WBI/ CESI) lors d'un échange de mail le 18 avril 2014.

[5] « En 1993, en rendant visite à des parents dans un village voisin du Nord Mali, *Aissata Ongoiba* fut étonnée de voir la quantité d'argent que des femmes avaient

Selon lui, forte de cette découverte, Aissata Ongoiba décide de reproduire cette expérience au sein de son village :

> *Back at home in the small Dogon village of Fombori, she told her women's group how willingly tourists bought carved statues and masks, beaded gourds, and hand-woven materials. However, in addition, she warned that the foreigners were also very interested in buying traditional ceremonial objects that should stay in the village. Like many others, she saw a danger in selling off the village's traditional objects as souvenirs. Her dream was to establish a museum in Fombori that would attract tourists to see their ceremonial artwork and purchase women's handicrafts*[1].

D'autre part, la mise en valeur de la nécessité d'une appropriation des modèles de développement par les populations est clairement illustrée dans l'histoire même de la Banque Culturelle, qui, forte des leçons tirées de l'échec des deux modèles l'ayant précédée, fait de l'appropriation la condition même de son fonctionnement. En ajoutant la composante 'microcrédit' aux modèles de la coopérative de femmes et du musée communautaire, la Banque Culturelle s'inscrit parfaitement dans le paradigme de la « lutte contre la pauvreté » tout juste adopté par la Banque Mondiale. Ce dernier élément est synthétisé sur le site du Development Marketplace de la manière suivante :

> *The project proposes an integrated approach to preserve these resources and reduce poverty. The approach is built around "Culture Banks", local institutions that provide*

---

gagné en organisant une exposition et en vendant leurs produits artisanaux aux touristes de passage. » TdA, à partir du Blog de Todd Crosby sur le site du Peacecorps :
http://peacecorpsonline.org/messages/messages/467/3138.html

[1] « De retour dans le petit village de Fombori, elle raconta à son *groupe de femmes* comment des touristes avaient acheté de bon coeur des statues sculptées et des masques, des calebasses ornées de perles, et des tissages. Elle ajouta que les étrangers étaient aussi très intéressés par l'achat d'objets cérémoniaux qui devaient rester au village. Comme beaucoup d'autres, elle pressentait le danger de vendre les objets traditionnels du village comme des souvenirs. Son rêve était d'établir un musée à Fombori qui attirerait les touristes tant pour admirer les biens cérémoniaux que pour acheter les biens artisanaux produits par les *femmes.* » TdA, Blog de Todd Crosby sur le site du Peacecorps :
http://peacecorpsonline.org/messages/messages/467/3138.html

access to business capital, strengthen communities, and promote cultural conservation. Through these banks, funded by community membership fees, community members can use their cultural objects as collateral for loans[1].

Enfin le « (dramatisation) *dramatizing*[2] » n'est autre que celui du problème du pillage des biens culturels au Mali, auquel la Banque Culturelle semble apporter une réponse adéquate :

Mali is one of Africa's richest countries culturally and one of its poorest economically. Efforts to harness the country's cultural wealth are undermined by black market exports and the loss of oral history and traditional knowledge. Disappearing with these resources are economic development opportunities[3].

La traduction sociologique du modèle de la Banque Culturelle

Le second cadre d'analyse de la *traduction* privilégié par Patrick Hassenteufel, le cadre sociologique, porte la focale non plus sur l'objet, mais sur le sujet de la traduction. Le rôle d'interface de Todd Crosby entre le village de Fombori et la Banque Mondiale peut être saisi à l'aune du concept d'« acteurs intermédiaires » d'Olivier Nay et Andy Smith. Selon ces deux auteurs, les acteurs intermédiaires de l'action collective, prise ici au sens large, présentent une « capacité à

---

[1] « Le projet propose une approche intégrée pour préserver ces ressources et réduire la pauvreté. L'approche est fondée sur la 'Banque Culturelle', une institution locale qui donne accès à un capital de travail, renforce les communautés, et promeut la conservation culturelle. Par ces banques, fondées grâce aux contributions des membres de la communauté, ces membres peuvent utiliser leurs objets culturels comme garantie de prêts. » TdA, à partir de la présentation des Banques Culturelles sur le site du Development Marketplace de la Banque Mondiale : http://wbi.worldbank.org/wbdm/idea/building-creative-communities-mali.

[2] « Dramatisation ».TdA.

[3] « Le Mali est un des pays les plus riches sur le plan culturel et un des plus pauvres sur le plan économique. Les efforts pour exploiter cette richesse culturelle sont minés par l'export permis par le marché noir, par la perte de l'histoire orale et des connaissances traditionnelles. Les opportunités de développement économique disparaissent avec ces ressources. » TdA, à partir de la présentation des Banques Culturelles sur le site du Development Marketplace de la Banque Mondiale ; http://wbi.worldbank.org/wbdm/idea/building-creative-communities-mali.

intervenir dans des arènes dont les règles, les procédures et les savoirs peuvent être éloignés[1]» et à produire des représentations communes dans un langage universel à partir d'univers cognitifs différents[2]. À la lumière de cette définition, nous pouvons remarquer que Todd Crosby est parvenu à intervenir dans deux arènes radicalement différentes : celle d'une commune malienne pour l'implantation du modèle de la Banque Culturelle à Fombori d'une part, et celle d'un forum de la Banque Mondiale pour la reconnaissance de cette initiative d'autre part. Il a su produire un langage commun aux deux parties en conceptualisant et en schématisant le modèle de la Banque Culturelle autour de ses deux objectifs : la lutte contre le pillage des biens culturels et le développement local ainsi qu'autour de ses trois composantes : le musée, le microcrédit et la formation. La traduction de Todd Crosby ne doit pas seulement être entendue comme une simple reformulation de la Banque Culturelle selon le vocable de la Banque Mondiale, mais aussi comme une stratégie de positionnement face à une fenêtre d'opportunité s'ouvrant à la Banque Mondiale.

Le rôle d'intermédiaire de Todd Crosby n'est pas sans rappeler le concept de « marginal sécant » de Haroun Jamous, défini par Michel Crozier et Erhard Friedberg comme « un acteur qui est partie prenante dans plusieurs systèmes d'action en relation les uns avec les autres et qui peut, de ce fait, jouer un rôle indispensable d'intermédiaire et d'*interprète* entre des logiques différentes, voire contradictoires[3] ». Selon le modèle de ces deux derniers auteurs, le pouvoir dont dispose un individu au sein d'une organisation n'est pas absolu, mais relatif à la position qu'il y occupe ainsi qu'à sa maîtrise des zones d'incertitudes de l'organisation. Il peut s'agir de la maîtrise d'une « compétence particulière » fondée sur une « spécialisation

1 Olivier Nay, Andy Smith, *op. cit.*, p. 12.
2 *Ibid.*, pp. 12-15.
3 Haroun Jamous, *Sociologie de la décision*, Paris, CNRS, 1969, pp. 344-369 cité par Michel Crozier et Erhard Friedberg. *L'acteur et le système*, Paris, Éd. du Seuil, 1977, p. 86.

fonctionnelle » des tâches, des « environnements » de l'organisation, de la « communication et des informations » ou encore des « règles organisationnelles générales[1] ». Selon cette typologie, le pouvoir de Todd Crosby semble correspondre à la maîtrise d'un environnement inconnu à la Banque Mondiale au sens de « segments de la société avec lesquelles elle (l'organisation) est mise en relation » et qui « constituent pour elle toujours et nécessairement une source de perturbation potentielle de son fonctionnement interne, et donc une zone d'incertitude majeure et inéluctable[2] ». Sans aller jusqu'à dire que le manque d'expertise des fonctionnaires de la Banque Mondiale sur certains terrains constitue une menace pour l'organisation, l'apport que représente un acteur qui maîtrise d'une part la connaissance du terrain – puisqu'il a vécu à Fombori – et de l'autre les codes de l'organisation – puisqu'il a déjà travaillé en collaboration avec la Banque Mondiale sur plusieurs projets de développement local, le Population Services International (PSI) et le National Cooperative Business Association (NCBA)[3] notamment – ne peut être considéré par l'organisation que comme un avantage majeur. Ce paramètre est encore renforcé à la fin des années 1990, alors que l'« approche projet[4] » est momentanément valorisée par rapport à l'« approche programme[5] » à la Banque Mondiale suite à l'échec des Programmes d'ajustements structurels. Dans ce contexte, la maîtrise de l'« environnement », qu'est le terrain constitue pour la Banque Mondiale une réponse aux critiques essuyées suite aux politiques d'ajustements

---

[1] Michel Crozier et Erhard Friedberg, *op. cit.*, p. 83.

[2] *Ibid*, p. 86.

[3] Présentation de Todd Crosby sur le site des Museum Studies de l'Université du Michigan : http://www.ummsp.rackham.umich.edu/content/todd-crosby-0 (dernière consultation le 14 mai 2014).

[4] L'« (approche projet) consiste à accorder un financement lié à un projet spécifique et doublé d'un contrôle précis de l'utilisation des fonds », in Olivier Charnoz et Jean-Michel Severino, *L'Aide publique au développement*, Paris, Repères, 2007, pp. 15-16.

[5] L'approche programme est définie comme un « ensemble d'instruments (…) (qui) ne se concentrent pas sur une action délimitée de développement, mais sur des objectifs plus larges, de nature macroéconomique ou sectorielle. » *Ibid.*, pp. 16-20.

structurels concernant son manque d'expertise de terrain et sa démarche top-down.

Selon Patrick Hassenteufel, la traduction sociologique signifie la circulation des modèles de politique publique au gré « d'appropriations, de réinterprétations et de dérivations » par les acteurs transnationaux et les institutions internationales. Si l'on transpose cette affirmation au modèle de développement qu'est la Banque Culturelle, force est de constater que celui-ci a bien fait l'objet de ce triple processus. Le concept a tour à tour fait l'objet d'une *dérivation* par rapport aux deux projets initiaux de coopérative de femmes et de musée communautaire, puis d'une *appropriation* concrète de la part des populations locales et enfin d'une *réinterprétation* à l'aune des concepts d'appropriation et d'*empowerment*.

La traduction institutionnelle du modèle de la Banque Culturelle

Le troisième cadre d'analyse chez Patrick Hassenteufel accentue l'importance du contexte institutionnel, des rapports de force et du degré de mobilisation et d'interaction des acteurs dans le processus de traduction d'une politique publique suivant la théorie de John L. Campbell. Comme le modèle de la Banque Culturelle n'aurait pas pu concourir à la compétition du Development Marketplace sans être porté par une institution légale reconnue, Todd Crosby a « traduit » ce projet sous la forme d'une association : l'African Cultural Conservation Fund pour le représenter. La création d'une « plateforme institutionnelle » est d'ailleurs envisagée par la théorie du « cycle de vie » des normes pour permettre à l'entrepreneur de norme de provoquer une « cascade normative », c'est-à-dire la socialisation massive des acteurs à la norme[1] :

[1] « La seconde étape se caractérise par une dynamique d'imitation quand les entrepreneurs de normes tentent de socialiser d'autres États afin d'en faire des suiveurs de normes. La motivation exacte de cette étape durant laquelle la norme 'cascade' sur le reste de la population (dans ce cas, sur les États) peut varier. » TdA, à partir de Martha Finnemore, Kathryn Sikkink, *op. cit.*, p. 895.

All norm promoters at the international level need some kind of organizational platform from and through which they promote their norms. Sometimes these platforms are constructed specifically for the purpose of promoting the norm, as are many nongovernmental organizations (NGOs) (such as Greenpeace, the Red Cross, and Transafrica) and the larger transnational advocacy networks of which these NGOs become a part (such as those promoting human rights, environ- mental norms, and a ban on land mines or those that opposed apartheid in South Africa)[1].

Le rôle de Todd Crosby a donc été de formuler un concept original à partir d'un projet initié en partenariat avec les populations de Fombori, de créer un *storytelling* par l'intermédiaire d'un journal et d'un blog autour de ce modèle pour mobiliser un réseau de soutien, et de traduire le modèle dans le vocable de la Banque Mondiale pour recevoir un financement. En bon entrepreneur de norme, il a également su choisir le répertoire d'action approprié pour chacun ses interlocuteurs : celui d'un agent du Peacecorps à Fombori, celui d'un penseur d'un nouveau modèle de développement pour son réseau de soutien et celui d'un directeur d'ONG de développement local à la Banque Mondiale. Pour parvenir à la promotion d'un modèle dont il s'attribue la parenté, Todd Crosby a ainsi utilisé ses ressources de savoir, définies comme les « informations et (…) connaissances dont dispose un acteur et sa capacité à les interpréter, à les traiter et à les intégrer à des stratégies[2]» puisqu'il a mobilisé ses connaissances sur le changement de paradigme à la Banque Mondiale et a réinterprété le modèle de la Banque Culturelle à l'aune de cette connaissance. Il a

---

[1] « Tous les promoteurs de normes au niveau international ont besoin d'une plateforme organisationnelle à partir de laquelle et par laquelle ils promeuvent la norme. Parfois ces plateformes sont construites spécialement pour accomplir l'objectif de promouvoir la norme, comme c'est le cas pour de nombreuses organisations non gouvernementales (ONG) (comme Greenpeace, la Croix-Rouge, et Transafrica) et pour de nombreux réseaux transnationaux dont ces ONG font partie (comme les réseaux qui promeuvent la promotion des Droits de l'Homme, les normes environnementales, l'interdiction des mines ou encore ceux qui s'opposaient à l'apartheid en Afrique du Sud). » TdA, à partir de Martha Finnemore, Kathryn, Sikkink, *op. cit.*, p. 899.

[2] Patrick Hassenteufel, *op. cit.*, p. 118.

également utilisé ses ressources sociales au sens de « reconnaissance sociale dont fait l'objet un acteur et les réseaux relationnels sur lesquels il peut s'appuyer[1] » dans la mesure où son réseau amical, familial et professionnel aux États-Unis lui a permis de créer une ONG et d'accéder à l'enceinte du Development Marketplace.

[1] *Ibid.*, p. 118.

CHAPITRE 2

LA CONSECRATION DU MODELE PAR LA BANQUE MONDIALE ET L'EXPORTATION A KOLA ET DEGNEKORO

Selon le modèle du « cycle de vie » des normes, l'œuvre d'un entrepreneur de norme ne se concrétise théoriquement que par l'institutionnalisation de la norme par une organisation internationale qui intègre la nouvelle norme domestique au corpus juridique international[1]. Grâce à cette institutionnalisation, les États se socialisent alors à la norme sans qu'aucune pression n'ait plus à être exercée de la part de l'entrepreneur de normes. Dans le cas qui nous intéresse, l'institutionnalisation du modèle de la Banque Culturelle par la Banque Mondiale, qui consiste en une labellisation du concept autour de ses trois composantes (1) puis en sa diffusion au plan national (2) ne vise pas, à ce stade, la socialisation des États. Celle-ci constituera l'objectif de la seconde institutionnalisation du modèle par l'ICCROM (3).

1. La labellisation du concept « Banque Culturelle » par la Banque Mondiale

Grâce au brillant plaidoyer de Todd Crosby dans l'enceinte du Development Marketplace en 2002[2], l'association ACCF se voit gratifiée d'un prix de 210 000 dollars[3]. Par ce prix, la Banque Culturelle n'est pas seulement reconnue comme un projet original et pertinent par la Banque Mondiale, elle voit également son modèle labellisé et diffusé par cette organisation internationale.

---

[1] Martha Finnemore, Kathryn Sikkink, *op. cit.*, p. 900.

[2] Fait relaté par Pietronella Van den Oever, ancienne fonctionnaire senior du World Bank Institute, entretien Skype, 5 février 2014, Paris.

[3] Jerri Dell, "MALI - Banking on Culture Initiative - Mission of September 5 to 12, 2003 Back-to-Office Report", mail, 26 mai 2004, p. 2.

La reconnaissance avortée du concept de Banque Culturelle par le Development Marketplace

Ce processus de « labellisation » n'a de commun avec la notion utilisée par Howard Becker dans *Outsiders : études de sociologie de la déviance* que le processus d'étiquetage[1] d'un modèle et la croisade d'un « entrepreneur de normes[2] ». Alors que dans le modèle d'Howard Becker la norme est institutionnalisée en négatif en excluant les individus déviants à la norme ; dans le cas des banques culturelles, le modèle est institutionnalisé en positif, par inclusion de ce modèle de développement local dans un modèle de développement international[3]. Il ne s'agit pas ici de la qualification négative de la déviance d'un individu, mais d'une qualification positive, entendue comme la reconnaissance d'un modèle de développement de la part de la Banque Mondiale. Dans le cas des Banques Culturelles, la labellisation du concept consiste d'une part en une *formalisation* de ses trois principales composantes : le musée, le centre de microcrédit et le centre culturel par le *Guide de la Banque Culturelle* édité par la Banque Mondiale. Elle consiste d'autre part en une *diffusion* du modèle à l'échelle malienne dans les villages de Kola et Degnekoro. Cette diffusion est rendue possible par le versement de 210 000 $ à l'African Cultural Conservation Fund (ACCF) pour la construction de deux nouvelles Banques, la collecte de biens culturels, la fourniture des fonds initiaux pour les prêts et le financement d'ateliers d'alphabétisation et de workshop[4]. Mais quelques mois plus tard, l'argent du prix versé par la Banque Mondiale disparaît sans que l'on sache pourquoi ni comment.

---

[1] Howard Becker, *Outsiders : étude de sociologie de la déviance*, Paris, Métailié, 1985, p. 204.

[2] *Ibid.*, p. 171-201.

[3] http://socio.ens-lyon.fr/agregation/expcomp/expcomp_fiche_becker.php .

[4] Jerri Dell. "MALI - Banking on Culture Initiative - Mission of September 5 to 12, 2003 Back-to-Office Report", mail, 26 mai 2004.

Le rôle de levier de Jerri Dell dans la reconnaissance du concept de Banque Culturelle par James Wolfensohn

Au même moment, enthousiasmé par le projet des Banques Culturelles lors du Development Marketplace de 2002, James Wolfensohn demande à Jerri Dell, une consultante du World Bank Institute's Community Empowerment and Social Inclusion team (WBI/ CESI) spécialisée dans les opérations de « Community-driven Development » en Afrique subsaharienne[1], de lui faire un rapport détaillé sur ces microstructures. Dans les mois qui suivent, Jerri Dell obtient alors quatre entretiens privés avec Mrs Elaine Wolfensohn dans le but de convaincre son mari d'accorder un fonds au modèle de la Banque Culturelle[2]. Jerri Dell, que nous pouvons également qualifier d'« entrepreneur de norme(s) », adapte, elle aussi, son répertoire d'action à son interlocutrice, en utilisant non pas les canaux de la négociation formelle, mais de la négociation informelle. Elle ne tente pas d'accéder directement au Président de la Banque Mondiale, ce qui pour une fonctionnaire n'est pas aisé, mais choisit de rencontrer sa femme. Dans la mesure où elle ne dispose pas à proprement parler de ressources positionnelles, autrement dit d'une position stratégique dans l'organisation[3], nous supposons qu'elle mobilise ses ressources sociales et tire parti des codes de son réseau de sociabilité, de ses ressources de savoir puisqu'elle joue sur la sensibilité de son interlocutrice

[1] World Bank. *Kenan Learning Forum, Investing in Communities: CDD and the Private Sector*, Washington DC: World Bank, 19-20 mai 2003, p. 5.

[2] Jerri Dell, ancienne consultante du World Bank Institute's Community Empowerment and Social Inclusion team (WBI/ CESI), échange de mails, 18 avril 2014.

[3] Les ressources positionnelles des acteurs sont définies par Patrick Hassenteufel, comme leur « accès direct (ou non) à la production de normes juridiques, qu'ils participent ou non à l'attribution d'un financement, qu'ils sont (ou non) partie prenante de la mise en œuvre d'un dispositif », in Patrick Hassenteufel, *op. cit.*, pp. 117-118.

aux Arts et à la Culture[1] mais également des ressources du genre qui lui permettent d'accéder et de convaincre plus facilement la femme du président pour faire avancer la cause des femmes. Elle raconte leurs entretiens de la manière suivante :

> *I talked to her (Elaine) about the Culture Bank informally. She in turn talked to the president who suggested I make a proposal for him to look at. I spoke to Mrs. Wolfensohn because she took an active role (on mission with the president and in consultations with World Bank managers on occasion) in promoting the empowerment of women and local communities. As you can imagine, it would be hard as a World Bank staff member to approach the President whenever one had a good idea[2]!*

Elle conclut : « *She liked the project very much. So did Mr. Wolfensohn[3]!* » En s'entretenant avec Elaine plutôt qu'avec James Wolfensohn, Jerri Dell s'inscrit dans la lignée de la diplomatie issue des bals et des mondanités du Congrès de Vienne pendant lesquelles les femmes des politiciens assuraient une diplomatie secondaire et informelle entre leurs maris[4] dans un second espace de sociabilité. La stratégie de Jerri Dell se révèle fructueuse du fait de l'importance des avis d'Elaine sur les décisions de son mari, fait que celui-ci reconnaît dans sa biographie : « *Even*

---

[1] Notamment au sein de la Fondation familiale des Wolfensohn dédiée aux Arts et à la Culture ainsi qu'aux soins médicaux. Cf. James D. Wolfensohn, *A Global life: my journey among rich and poor, from Sydney to Wall Street to the World Bank*, New York, Public Affairs, 2010, pp. 154-155.

[2] « Je lui (Elaine) ai présenté de manière informelle des Banques Culturelles. Elle a présenté à son tour le projet au Président qui m'a suggéré de lui faire une proposition. J'ai parlé à Mme Wolfensohn parce qu'elle avait pris une part active à la promotion de l'émancipation (*empowerment*) des femmes dans les communautés locales (en mission avec le président ou pendant ses consultations avec les gestionnaires de la Banque Mondiale). Comme vous pouvez l'imaginer, il aurait été difficile, en tant que membre du personnel de la Banque mondiale d'approcher le président même si j'avais une bonne idée ! » TdA, à partir de Jerri Dell ancienne consultante du World Bank Institute's Community Empowerment and Social Inclusion team (WBI/ CESI), échange de mail, 18 avril 2014.

[3] « Elle a beaucoup aimé le projet, tout comme M. Wolfensohn. » TdA, *ibid.*

[4] Damien Mahiet. "Musique et danse comme pratiques diplomatiques : Penser le Congrès de Vienne". *À corps et voix: repenser le politique au prisme des pratiques musicales et dansées*, Festival Ethnomusika, Quai Branly, 14 juin 2013.

without an official title, she was my adviser on human development, and her input was invaluable as I tried to understand the Bank's challenge[1]». Alors que Todd Crosby, acteur intermédiaire entre les milieux de la Banque Culturelle de Fombori et de la Banque Mondiale de Washington, s'était évertué à traduire un modèle particulier en un modèle universel et duplicable, le rôle de Jerri Dell consiste à jouer de son réseau de sociabilité pour faire financer un projet déjà reconnu par la Banque Mondiale par le fonds discrétionnaire de James Wolfensohn. Son rôle dans la circulation du modèle de la Banque Culturelle s'apparente dès lors moins à une *traduction* qu'à un *aiguillage*.

2. La diffusion de la Banque Culturelle à Kola et Degnekoro grâce au fonds discrétionnaire de James Wolfensohn

La mise en place d'une équipe de fonctionnaires au sein de la Banque Mondiale pour le suivi de la diffusion des Banques Culturelles

Le 11 août 2003, James Wolfensohn accorde un « fonds de prévoyance » au modèle des Banques Culturelles et décide du suivi du projet par la Banque Mondiale tandis que l'ONG ACCF est dissoute[2].

---

[1] « Même sans titre officiel, elle était ma conseillère en développement humain, et sa contribution a été inestimable alors que je tentais de saisir le défi que représentait la Banque. » TdA, à partir de James D. Wolfensohn, *op. cit.*, p. 274.

[2] Dans la mesure où nous n'avons pas trouvé de définition satisfaisante de ce fonds sur le site de la Banque Mondiale, nous reprendrons la définition que nous en a donnée Jerri Dell : *« I know that the President had some discretionary funding available to him to allow him to support in a small way initiatives he felt strongly about that may not have a chance of getting World Bank funding any other way. In World Bank terms, it was a very small amount of money, I think $25,000 to $50,000 maximum. »* / « Je sais que le Président avait quelques fonds discrétionnaires pour accorder son support à de petites initiatives qui n'avaient pas eu la chance d'obtenir un fonds de la Banque Mondiale d'une autre manière. Par rapport aux financements habituels de la Banque Mondiale, ce fonds représentait peu d'argent, peut-être 25 000 $ à 50 000 $ maximum. » TdA, à partir de Jerri Dell, ancienne consultante du World Bank Institute's Community Empowerment and Social Inclusion team (WBI/ CESI), échange de mail, 18 avril 2014.

Si l'on considère l'histoire des Banques Culturelles à l'aune du concept de « chaîne de coopération », force est de constater quoique les acteurs soient liés par une *interdépendance mutuelle* pour faire avancer le projet et le dupliquer au niveau de la région ouest-africaine, celle-ci peut être l'occasion d'une *coopération* entre les acteurs ou d'une *concurrence*, menant finalement à l'abandon de certains.

> (L'acteur) se trouve ainsi au centre d'un *réseau de coopération* dont tous les acteurs accomplissent un travail indispensable à l'aboutissement de l'œuvre. Chaque fois que l' (acteur) dépend d'autres personnes, il y a une *chaîne de coopération* (…) Chaque fois qu'un (acteur) *dépend* d'autres personnes pour quelque chose d'indispensable, il doit soit accepter les contraintes imposées par ces personnes, soit prodiguer son temps et son énergie pour obtenir cette chose par d'autres moyens[1].

Selon le rapport de mission fourni par Jerri Dell le 5 septembre, une mission comprenant Jerri Dell, Marguerite Monnet et Agadiou Dama est menée au sein de la section « Région africaine » du World Bank Institute[2] pour :

> (1) déterminer la viabilité du projet sur le long terme, (2) identifier une organisation partenaire ou une équipe de professionnels du développement capable d'assumer la pleine responsabilité du projet 'Banking on Culture' et gérer les opérations des trois Banques Culturelles des villages de Fombori, Kola et Degnekoro, (3) proposer un programme de travail et un budget pour FY04[3] et recommander la composition de l'équipe de l'Institut de la Banque Mondiale pour soutenir l'initiative[4].

Après un bref rappel de l'historique de la Banque Culturelle, le rapport fait un état des lieux du projet, abordant le succès du concept auprès des communautés locales, du gouvernement ainsi que du groupe chargé du

---

[1] Howard Becker. *Les Mondes de l'Art*, Paris, Flammarion, 2010, pp. 49-53.
[2] TdA à partir du WBI/ AFR : World Bank Institute/ Africa Region.
[3] Dénomination du projet au sein du World Bank Institute.
[4] TdA à partir de Jerri DELL, "MALI - Banking on Culture Initiative - Mission of September 5 to 12, 2003 Back-to-Office Report", mail, 26 mai 2004, p. 1.

développement : « *the principles on which the initiative are based-local leadership, local autonomy, financial viability and sustainability have been embraced by the program's management and communities alike*[1] ». Il fait également part des difficultés rencontrées par le projet : l'arrêt des prêts à la fin du mois de juin, la dissolution de l'ONG ACCF et les pluies torrentielles ayant ravagé les nouvelles Banques de Kola et Degnekoro. Il cite ensuite la solution envisagée, celle de la reconstruction des deux nouvelles Banques grâce à une subvention de l'ONG Karité Mali selon de nouvelles méthodes de formation aux différents modules (collecte des objets, microcrédit et formation). Suite à cet état des lieux, le rapport indique des recommandations pour la poursuite des opérations à Washington et au Mali. Jerri Dell et Agadiou Dama doivent tout d'abord désigner une équipe chargée du suivi du programme « Banking on Culture » à la Banque Mondiale. Ils doivent ensuite sélectionner une équipe d'experts maliens sur le terrain pour diriger les opérations sous l'égide de Daouda Keita - l'ancien directeur des opérations du projet au sein de l'ACCF – et mettre en place une stratégie de communication pour atteindre les communautés locales dans leurs propres langages par le biais de la radio, des visites des opérateurs de la Banque Mondiale pour diffuser le projet à plus grande échelle.

Une fois l'équipe d'experts maliens constituée, celle-ci doit diriger la reconstruction des deux banques de Kola et Degnekoro selon de nouvelles méthodes architecturales plus adaptées au climat local, professionnaliser la gestion du musée, mettre en place un système de microcrédit, proposer des modules de formation aux villageois sur les thèmes de la conservation des objets, du microcrédit et de la formation des artisans.

Pour que ces différentes initiatives puissent être mises en place, il est néanmoins nécessaire que le projet de la Banque Culturelle soit véritablement intégré dans un programme de

[1] « Les principes sur lesquels l'initiative était fondée – le leadership local, l'autonomie locale, la viabilité financière et la durabilité ont été intégrés au programme, de même que par les communautés. » TdA, *ibid.*

la Banque Mondiale afin que des fonctionnaires soient affectés à son suivi.

L'inclusion de l'initiative dans un ensemble normatif plus vaste, celui du **women's empowerment**

Selon Jerri Dell, le modèle de la Banque Culturelle a suscité beaucoup d'enthousiasme lors du Development Marketplace du fait de son écho à un ensemble plus vaste de programmes ayant émergé à la fin des années 1990 à la Banque Mondiale. Ces programmes portent sur le renforcement du rôle des femmes, dans le développement local, par le biais de l'artisanat et sur la préservation du patrimoine culturel au sein des communautés. Regroupés au sein de la section « *empowering communities* » de la Banque Mondiale, ces programmes comprennent des partenariats avec les associations de femmes telles que « Women's Management Training Outreach Program » (WMTOP) au Nigeria, au Kenya et au Lesotho, « Femmes et Formation en Gestion appliquée » (FEFGA) au Mali, au Sénégal et au Togo, « Formation en gestion à la base » en Tunisie et au Maroc, « Women's enterprise managment and outreach program » (WEMTOP) en Inde et « Grassroots Managment training » au Pérou ainsi que des conférences sur la valorisation de l'entreprise artisanale comme le séminaire « Handmade Development » et « Artisan Enterprise Learning program » tenus entre 1990 et 2001[1]. Le rapprochement entre l'initiative de la Banque Culturelle et les programmes de « *women' empowerment* » de la Banque Mondiale avait déjà été initié, comme nous l'avons déjà vu, dans le discours de Todd Crosby pour la présentation des Banques Culturelles lors du Development Marketplace de 2002. Ce rapprochement théorique se concrétise un an plus tard, lorsque Jerri Dell charge deux fonctionnaires,

---

[1] Voir le site de la Banque Mondiale « Facilitating learning and innovation for artisans » : http://web.worldbank.org/WBSITE/EXTERNAL/WBI/0,contentMDK:20212675~pagePK:209023~piPK:207535~theSitePK:213799,00.html (dernière consultation le 15 mai 2014).

Pietronella Van den Oever et Marguerite Monnet, toutes deux chargées du programme « Femmes et Formation en Gestion appliquée » (FEFGA) au sein de la Banque Mondiale, d'intégrer l'initiative des Banques Culturelles à leur programme (Annexe 8).

Cette inscription du modèle de la Banque Culturelle dans un programme de « *women's empowerment* » (émancipation des femmes) confirme la thèse du cycle de la vie des normes de Martha Finnemore et Kathryn Sikkink. Selon ces deux auteures, l'« institutionnalisation » d'une norme (la Banque Culturelle) ne peut se faire que par l'intégration de celle-ci à un ensemble normatif plus large, celui d'une organisation internationale (le *women' empowerment* de la Banque Mondiale) :

> *In most cases, for an emergent norm to reach a threshold and move toward the second stage, it must become institutionalized in specific sets of international rules and organizations. Since 1948, emergent norms have increasingly become institutionalized in international law, in the rules of multilateral organizations, and in bilateral foreign policies*[1].

Elles ajoutent :

> *Such institutionalization contributes strongly to the possibility for a norm cascade both by clarifying what, exactly, the norm is and what constitutes violation (often a matter of some disagreement among actors) and by spelling out specific procedures by which norm leaders coordinate disapproval and sanctions for norm breaking*[2].

---

[1] « Dans la plupart des cas, pour qu'une norme émergente puisse atteindre un seuil et parvenir à la seconde étape, elle doit être institutionnalisée selon les *termes spécifiques des règles et des organisations internationales.* Depuis 1948, les normes émergentes sont devenues de plus de plus institutionnalisées au sein du droit international, des règles des organisations multilatérales et des politiques étrangères bilatérales. » TdA, à partir de Martha Finnemore, Kathryn Sikkink, *op. cit.*, p. 900.

[2] « Cette institutionnalisation contribue fortement à la potentialité d'une cascade de normes en clarifiant à la fois ce que la norme est et ce qui constitue sa violation (souvent une affaire de désaccord entre les acteurs) et en précisant des procédures spécifiques par lesquelles les porteurs de normes coordonnent les désapprobations et les sanctions en cas de rupture de la loi. » *Ibid.*

Une fois le projet de la Banque Culturelle intégré au programme FEFGA, la mission de ces deux fonctionnaires consiste tout d'abord à institutionnaliser le suivi du projet au sein de la Banque Mondiale en le situant dans la continuité du premier financement accordé par le Development Marketplace. Un rapport sur les Banques Culturelles est bientôt établi, précisant la durée, le budget et les objectifs du programme et l'« Association pour la promotion des Banques Culturelles » est formée au Mali autour de Daouda Keita. Des documents sont publiés pour formaliser le modèle, le « Guide de la Banque Culturelle » – manuel de base de toute création de Banque Culturelle – ainsi que les « Manuel(s) du formateur », rédigés par les différents membres d'APBC (voir source primaire, rubrique Banque mondiale : documents de création). L'équipe malienne et l'équipe américaine mènent deux études de faisabilité sur les lieux des nouvelles banques, puis forment les habitants des deux villages aux différents modules de la Banque Culturelle (voir sources primaires : modules de formation) et font des comptes rendus de mission tous les trois mois à James Wolfensohn lui-même.

3. La diffusion du modèle parallèlement à l'enceinte de la Banque Mondiale par les experts maliens

La conversion d'un centre culturel en Banque Culturelle à Dimbal

Six ans après la labellisation du modèle de la Banque Culturelle par la Banque Mondiale et sa diffusion à Kola et Degnekoro en 2004, une équipe d'archéologues suisses, en mission au sud du Mali pour une fouille internationale intitulée "Human population and paleo-environment in Africa[1]", décide de créer une ONG de développement durable, « Dimbal.ch ». Partant d'une approche globale du développement, ils entendent mettre en place une structure

[1] Site internet du programme de recherche « Human population and paleo-environment in Africa » : http://www.ounjougou.org/fr/ (dernière consultation le 10 mai 2014).

multidimensionnelle incluant les paramètres sanitaire, éducatif, économique, environnemental, et culturel. Le volet culturel de ce projet consiste initialement en un centre de la culture et des médias associé à une troupe de théâtre pour organiser des activités en lien avec la préservation du patrimoine matériel et immatériel. Mais peu après la fondation de ce centre, un jeune archéologue malien membre de l'équipe de fouille internationale, Daouda Keita, également membre de l'équipe d'experts mis en place par la Banque Mondiale, présente à ses collègues le modèle de la Banque Culturelle et leur fait part du succès de cette initiative à Fombori[1]. Ceux-ci décident alors de réorienter leur projet et d'ajouter au centre culturel un musée, un centre de microcrédit, un comité de gestion ainsi qu'une librairie, un cybercafé, une boutique et une loge de gardien, donnant ainsi naissance en 2010 à la Banque Culturelle de Dimbal en partenariat avec l'ONG de Promotion des Banques Culturelles du Mali (APBC), et la Mission de Bandiagara (CMB). Après bien des péripéties, l'équipe suisse obtient un soutien financier du canton de Genève pour la construction des bâtiments et la constitution du capital de départ de la Banque, ainsi qu'un soutien scientifique de la société suisse d'ethnologie. Cet événement renforce l'idée selon laquelle la Banque Mondiale, en labellisant le concept de Banque Culturelle puis en l'institutionnalisant sous la forme d'une ONG constituée d'experts maliens (APBC) initie une véritable cascade du modèle, opérant une socialisation des acteurs de développement de la région d'Afrique de l'ouest au modèle de la Banque Culturelle, sans qu'aucune pression ne soit exercée de la part de la Banque Mondiale[2].

---

[1] Anne Mayor, directrice de l'ONG Dimbal.ch et chargée de cours département de génétique et d'évolution dans l'unité d'anthropologie de l'Université de Genève, entretien téléphonique, 10 mars 2014.

[2] Nous faisons référence ici à une phrase de Martha Finnemore et Kathryn Sikkink et nous avons transposé l'absence de pression exercée des États domestiques à l'absence de pression exercée par une organisation internationale : *"Up to the tipping point (point charnière), little normative change occurs without significant domestic movement supporting such change. After the tipping point has been reached, however, a different dynamic begins. More countries begin to adopt new norms rapidly even without domestic pressure for such change"*, in Martha Finnemore, Kathryn Sikkink, *op. cit.*, p. 902.

L'association d'APBC, un repère de nouveaux « entrepreneurs de norme(s) »

Le Rapport final de la mission de la Banque Mondiale pour les Banques Culturelles se félicite d'ailleurs du fait que « l'équipe d'experts maliens qui ont été impliqués dans le projet sera désormais capable de démultiplier l'expérience des Banques Culturelles aux autres localités qui souhaitent en prendre l'initiative[1] ». Daouda Keita a ainsi su jouer de ses ressources positionnelles d'expert de la Banque Mondiale, mais également de ses ressources sociales, en convertissant ses collègues archéologues au modèle de la Banque Culturelle. La diffusion des Banques Culturelles par la Banque Mondiale, loin de consister en une simple duplication du modèle dans deux autres localités, Kola et Degnekoro, consiste en fait à faire de chaque expert malien un nouvel entrepreneur du modèle de la Banque Culturelle au sein d'un réseau fondé sur l'interdépendance de ses membres experts. Selon Aldiouma Yattara, chaque ministère malien avait fourni un expert pour former l'association APBC. La Direction du Patrimoine culturel a ainsi envoyé Daouda Keita, archéologue et professeur à l'université de Bamako et Aldiouma Yattara, directeur du musée de Gao. Le ministère de l'Économie a envoyé Robert et Moussa Coulibaly pour les questions de microcrédit et Boubacar Macalou pour la formation aux activités génératrices de revenus. Enfin le ministère de l'Éducation a chargé Maimouna Sow Sangaré et Sefa Coulibaly[2] de la formation en « gestion à la base[3] ».

---

[1] Pietronella Van den Oever, Rapport final In la Banque Culturelle-Mali, CESI-WBI, 2005.

[2] Aldiouma Yattara, Directeur du musée de Gao au Mali et membre de l'association APBC, entretien, 9 décembre 2012, Metz, au FRAC Lorraine.

[3] Nous serons amenée à définir cette notion par la suite.

CHAPITRE 3

LA REGIONALISATION DU MODELE DES BANQUES CULTURELLES PAR LE MINISTERE DES AFFAIRES ETRANGERES FRANÇAIS ET L'ÉCOLE DU PATRIMOINE AFRICAIN

La cascade du modèle se poursuit la décennie suivante grâce à l'équipe d'experts maliens désormais organisée en association indépendante de la Banque Mondiale qui diffuse le modèle au Togo et au Bénin. Cette cascade est rendue possible par le concours de l'École du Patrimoine africain et du ministère des Affaires étrangères qui accorde un premier Fonds Spécial Prioritaire en 2007 intitulé « Les Musées au Service du Développement » (1). Dans la décennie suivante, en 2013, un second Fonds de Solidarité Prioritaire (FSP) est accordé aux Banques Culturelles maliennes suite au conflit, intitulé « Solidarité francophone » (2).

1. L'appel à projets lancé par le ministère des Affaires étrangères et l'École du Patrimoine

La socialisation de l'EPA au concept de « Banque culturelle » par Aldiouma Yattara

Le projet de la Banque Mondiale de transformer les experts maliens en entrepreneurs de normes pour diffuser le modèle de la Banque Culturelle par réticularité porte ses fruits non seulement au niveau national grâce à Daouda Keita mais également au niveau régional, grâce à Aldiouma Yattara. Cet expert malien, choisi pour sa formation de conservateur du patrimoine formé à l'Institut National des Arts de Bamako, à l'Institut National du Patrimoine français ainsi qu'à l'École du Patrimoine africain (EPA) et aujourd'hui directeur du Musée de Gao, a permis la diffusion de l'idée de la Banque Culturelle au sein de cette dernière école. Étudiant au sein de la première promotion de l'École du patrimoine, disciple et élève de l'ancien directeur de l'ICCROM à Rome, Gaël de Guichen, Alidouma Yattara devient professeur associé puis directeur de recherche à l'EPA et explique à ses collègues le principe de la Banque Culturelle. Il joue ainsi, de même que Douada Keita, de sa position d'expert de la Banque Mondiale et de ses ressources sociales en tant que membre du réseau EPA.

La cascade du modèle en Afrique de l'Ouest par l'École du Patrimoine africain

Convaincus par le modèle, les membres de l'École du Patrimoine Africain de Porto-Novo au Bénin lancent un appel à projets à tous les États d'Afrique de l'Ouest en 2008 pour la construction de deux nouvelles Banques Culturelles dans le cadre du programme « Les musées au service du développement » (MSD) financé par un Fonds de Solidarité prioritaire (FSP) du Ministère français des Affaires étrangères. Dans le cadre de cet appel à projets, un séminaire est organisé du 10 au 14 mai à Sévaré au Mali sous la direction du ministre de la Culture du Mali, M. Mohammed El Moctar, et poursuivant les objectifs : « d'étudier et de vulgariser au sein de la communauté professionnelle africaine l'expérience innovante des banques culturelles du Mali, de susciter et d'encourager la création des banques culturelles, des musées villageois ou des écomusées dans une perspective de développement touristique et social, d'amener les communautés locales à s'impliquer dans la gestion de leurs biens culturels pour lutter ainsi contre la dispersion et le trafic illicite[1] ». Au total, vingt-trois personnes venues de neuf pays d'Afrique de l'Ouest – Bénin, Burkina Faso, Cameroun, Côte d'Ivoire, Guinée Conakry, Mali, Mauritanie, Niger, Sénégal et Togo – répondent alors à l'appel à projets et deux candidats sont finalement sélectionnés : Mr. Badoualou Karka Alizim, le candidat togolais et Mr. Alassane Zoumarou, le candidat

---

[1] Diane Toffoun, Rapport général 7 (résumé) : Séminaire régional sur les Banques Culturelles du Mali, 10 au 14 mars 2008, Sévaré, Mali.

béninois. Par ce FSP multilatéral ayant permis la diffusion de l'appel à projets à la majorité des États d'Afrique de l'Ouest, le ministère des Affaires étrangères permet ainsi la « régionalisation » du modèle au Togo et au Bénin, et lance également une réflexion plus générale des professionnels du patrimoine de toute la région sur le concept de « Banque culturelle » et sur sa distinction d'avec les modèles du musée communautaire, de l'écomusée et du musée ethnographique. Cette réflexion s'est poursuivie au fil des séminaires organisés par le ministère des Affaires étrangères sur les Banques Culturelles. Nous pouvons citer les rencontres intitulées « Le patrimoine en perspective au Togo et au Bénin » accueillies par l'Institut français de Lomé les 15 et 16 mai 2012 et pendant lesquelles le coordinateur de la Banque Culturelle de Koutammakou, Mr Badoualou Alizim Karka, a présenté la « Contribution de la Banque Culturelle de Koutammakou au développement socio-économique des Batammariba[1] ». Ce dernier a aussi présenté la Banque Culturelle de Koutammakou lors de la Conférence « Les Musées entre enjeux identitaires et enjeux économiques » organisée par l'EPA, le ministère des Affaires étrangères et le Musée National d'Histoire naturelle les 10 et 11 décembre 2012[2].

2. Le Fonds de solidarité prioritaire pour le Mali de 2013 « Solidarité francophone » stoppé par le conflit

Suite au conflit malien et pour contribuer à la reconstruction de l'État, le ministère des Affaires étrangères alloue un nouveau Fonds de Solidarité prioritaire d'un montant de 950 000 euros, dont 200 000 accordés aux Banques Culturelles maliennes en 2013[3].

---

[1] « Le patrimoine en perspective au Togo et au Bénin », Actes des rencontres sur le patrimoine, Lomé, 15 et 16 mai 2012.

[2] Badoualou Karka Alizim. « La Banque Culturelle comme instrument de mobilisation des populations sur un site du patrimoine mondial en danger : la banque culturelle de Koutammakou », in « Les musées entre enjeux identitaires et enjeux économiques », conférence organisée par le ministère des Affaires étrangères, les 10 et 11 décembre, ressources électroniques : http://workshop-museums-en.blogspot.fr/p/programme.html (dernière consultation le 5 mai 2014).

[3] Selon le site internet du ministère des Affaires étrangères : « Le Fonds de

Le premier FSP était un FSP *multilatéral* en ce qu'il concernait la majeure partie des États d'Afrique de l'Ouest et *mobilisateur*, car il était ciblé sur le secteur des musées en Afrique de l'Ouest ; le second FSP est au contraire un fonds bilatéral concernant uniquement le Mali et contribuant au développement du pays en général[1]. Ce fonds de solidarité, décidé parmi de nombreux autres projets lors de la Conférence des donateurs pour le Développement du Mali tenue à Bruxelles le 15 mai 2013[2], entend contribuer de manière générale à la promotion de la langue française par un soutien à l'éducation et par le développement de « l'environnement francophone par le soutien au secteur du livre et aux débats d'idées, la constitution de partenariats avec les médias communautaires et nationaux pour la diffusion de la langue française, et l'appui au secteur du patrimoine (formation des acteurs en gestion de sites et muséographie, échanges d'événements culturels, développement des outils et des usages numériques)[3] ».

Le volet patrimonial a été décidé selon Mark-Alexander Schreiweis de la Direction du Patrimoine du ministère des Affaires étrangères français, suite à l'intervention de Bruno Maiga, le ministre délégué à la Culture du Mali à l'UNESCO en septembre 2012. Selon lui, le volet patrimoine de ce FSP devait contribuer au soutien des Banques Culturelles

---

solidarité prioritaire est le principal vecteur de l'aide projet de la France dans sa contribution à l'Aide publique au Développement ». Créé par le décret n° 2000-880 du 11 septembre 2000, il répond, en effet, aux nouveaux principes de mise en œuvre de la politique d'aide au développement : l'adaptation à un monde en développement différencié qui doit tenir compte des caractéristiques des pays concernés ; le renforcement de l'efficacité de l'aide française par l'adoption de la méthode dite du « cadre logique » dans la préparation et la construction des projets ».
http://www.diplomatie.gouv.fr/fr/enjeux-internationaux/cooperation-educative-enseignement/les-actions-de-cooperation-dans-l/renforcer-les-capacites-de-pays/article/le-fonds-de-solidarite-prioritaire_ (dernière consultation le 15 mai 2014).

[1] Page du FSP « Solidarités francophones » sur le site Internet du MAE : http://transparence.ambafrance-ml.org/projects/FR-99-ML-48/ (dernière consultation le 16 mai 2014).

[2] Conférence des donateurs pour le Développement du Mali, 15 mai 2013, Bruxelles, site internet : http://www.diplomatie.gouv.fr/fr/dossiers-pays/mali/la-france-et-le-mali/evenements-19439/article/conference-des-donateurs-pour-le

[3] Page du FSP « Solidarités francophones » sur le site du MAE : http://transparence.ambafrance-ml.org/projects/FR-99-ML-48/

maliennes, à la sauvegarde de la culture malienne en dehors des sites classés par l'UNESCO[1] ainsi qu'à la mise en place d'une exposition au Musée de Gao pour réconcilier les Peuhls et les Songhaï[2]. Néanmoins, à cause de l'impossible communication entre agents du ministère des Affaires étrangères et acteurs des Banques Culturelles maliennes provoquée par le conflit, le projet est actuellement arrêté, de même que le projet d'exposition prévue au musée de Gao.

Conclusion

Pour comprendre la circulation du modèle de la Banque Culturelle, nous avons suivi la méthode de Michel Crozier et Erhard Friedberg qui conseille au chercheur de « quitter sa position d'observateur détaché et extérieur au champ pour opérer un détour par l'intériorité des acteurs[3] ». À partir d'entretiens semi directifs avec les différents acteurs nous avons non seulement tenté de restituer la chronologie des événements mais également d'étudier leur « chaîne de coopération » à partir « de leurs ressources et capacités propres[4]».

Au terme de cette première partie, il semble possible de tirer certaines conclusions de la diffusion du modèle des Banques Culturelles, initié par une communauté locale et reconnu a posteriori par les instances régionales et internationales. Nous pouvons souligner la participation d'une grande diversité d'acteurs à la circulation du modèle de la Banque Culturelle : de l'acteur local à l'organisation internationale en passant par les universités, les ONG, les

---

[1] Anne Rabeyroux, Responsable du Pôle patrimoine mondial et Mark-Alexander Schreiweis, du Pôle Patrimoine mondial à la Direction générale de la mondialisation, du développement et des partenariats du ministère des Affaires étrangères, entretien, 28 février 2014, Paris, ministère des Affaires étrangères.

[2] Nous avons rencontré, lors de notre série d'entretiens avec Aldiouma Yattara tenue à Metz les 9, 10, 11 et 12 décembre 2013, l'étudiante post-doctorante chargée de la scénographie de cette exposition, Caroline Trucco.

[3] Michel Crozier, Erhard Friedberg, *op. cit.*, p. 456.

[4] *Idem.*

experts, les présidents d'organisations internationales. Nous pouvons également remarquer que la diffusion de ce projet de développement et de conservation du patrimoine a uniquement transité par des entrepreneurs de normes, des acteurs intermédiaires ou sécants situés à l'interface des différentes instances. Reprenant notre modèle de référence, l'article de Martha Sikkink et Martha Finnemore sur la diffusion des normes, nous pouvons également conclure qu'alors que le modèle de diffusion des normes fait partir la norme du niveau transnational – les ONG, la fait transiter par le niveau international – les OI, pour atteindre le niveau domestique, le modèle des Banques Culturelles suit le modèle inverse. Il émerge au niveau local, transite par les organisations internationales pour finalement atteindre une notoriété transnationale par le biais de deux réseaux : celui des experts APBC et celui des coordinateurs des Banques Culturelles. Pour comprendre l'appropriation du modèle par les organisations internationales, nous étudierons dans une deuxième partie la coïncidence entre la reconnaissance de cette initiative par les organisations internationales et le changement de paradigme initié au sein de celles-ci. Cela nous permettra de nous interroger sur les facteurs et les manifestations du changement dans les organisations internationales.

DEUXIÈME PARTIE

LA RÉAPPROPRIATION DU MODÈLE DE LA BANQUE CULTURELLE PAR LES ORGANISATIONS INTERNATIONALES

Nous avons retracé dans la partie précédente la sociohistoire du modèle de la Banque Culturelle à travers le rôle des « acteurs intermédiaires » ayant permis la circulation de celui-ci au sein de différentes instances : celles des organisations internationales, telles que la Banque Mondiale et l'École du Patrimoine africain, celles des ONG telles que Dimbal.ch, et celle de la coopération bilatérale avec le ministère des Affaires étrangères français. Nous allons maintenant changer de perspective et nous intéresser de manière plus fine à la réappropriation de l'initiative de la Banque Culturelle par les organisations internationales que sont la Banque Mondiale (Chap. 1) et l'ICCROM (Chap. 2), par l'intermédiaire de l'École du Patrimoine africain. Après l'étude des « ressources » et des répertoires d'action des acteurs individuels dans la diffusion d'un modèle, nous allons maintenant procéder à l'étude des acteurs collectifs, les organisations internationales, et à l'analyse de leurs « système(s) de représentation(s) » présidant à la réappropriation de certains projets[1]. Cette étude approfondie de la stratégie de ces deux organisations s'inscrit dans notre analyse des relations entre les concepts de développement et de patrimoine culturel puisque les deux organisations qui se sont saisies du modèle des Banques Culturelles sont respectivement spécialisées dans ces deux domaines. En nous focalisant sur les organisations internationales, nous

[1] Nous sommes partis ici de la triade de Patrick Hassentefeufel concernant les acteurs des politiques publiques. Selon lui, leur comportement peut être interprété selon trois variables : les ressources, les représentations et les intérêts. Nous avons choisi de nous focaliser sur les ressources des acteurs individuels dans la première partie et sur les représentations dans la seconde en fonction des sources primaires disponibles. Patrick Hassenteufel, *op. cit.*, pp. 116-117.

analyserons non seulement l'imbrication de ces deux thèmes internationaux, mais également les intérêts des acteurs de chacun de ces thèmes à se saisir des enjeux habituellement réservés à l'autre. Les acteurs du développement se saisissent du thème du patrimoine culturel pour accentuer la dimension locale de leurs programmes par l'intérêt porté à l'identité des communautés aidées. Les acteurs du patrimoine culturel, à l'inverse, font de la thématique du développement la garantie d'une inscription de leurs programmes dans la durée, en donnant aux populations les moyens d'assurer, à terme, la protection de leur patrimoine.

Dans la lignée de Sandrine Kott, nous considèrerons les organisations internationales comme des « terrains d'enquête à partir desquels nous pourrons saisir la manière dont le global se construit au croisement de communautés et de réseaux, dans une dialectique complexe entre scènes locales, nationales et internationales[1] ». Nous inscrirons notre étude dans le champ de la sociologie des organisations internationales et notamment du « changement[2] » paradigmatique et stratégique dans les organisations internationales. Notre propos ne sera pas de prendre parti dans le débat entre réalistes et institutionnalistes-libéraux sur la dépendance ou l'indépendance des organisations internationales vis-à-vis des États. Nous nous situerons dans la lignée de Guillaume Devin pour qui « la question de l'autonomie des institutions internationales n'a guère progressé au-delà de cette ambivalence fondatrice : un verre à moitié vide ou à moitié plein ; tout dépend de l'éclairage et de l'interprétation. En ce sens les querelles d'écoles semblent un peu vaines[3] ». Ainsi notre étude du changement dans les organisations internationales ne sera-t-elle pas expliquée à l'aune du changement de l'intérêt des États, ni à celle de la réduction des coûts de transactions par ceux-ci. Comme

[1] Sandrine Kott, "Les organisations internationales, terrains d'étude de la globalisation. Jalons pour une approche sociohistorique", *Critique internationale*, 2011, vol. 52, n° 3, p. 11.

[2] Notion tirée du titre de la revue : "Le Changement dans les organisations internationales", *Critique Internationale*, 2011, vol. 53, n° 4, 214 p.

[3] Guillaume Devin, "Le Sud et les enjeux sociaux du multilatéralisme. L'Afrique : Multilatéralisme et Sécurité humaine", *Le Bulletin*, vol. 3, n° 2, juillet 2010, pp. 9-17.

Marieke Louis, nous partirons du postulat des auteurs constructivistes Michael Barnett et Martha Finnemore, selon lesquels les organisations internationales ne sont pas « les simples exécutantes de la volonté des États », ce qui justifie la prise en compte de leur « autonomie relative, mais bien réelle » ainsi que de la capacité d'une organisation à poursuivre son propre agenda, notamment sous l'impulsion d'un directeur général doté d'une 'personnalité réformatrice[1] ». Partant de ce postulat, nous analyserons la « consommation[2] » des initiatives locales par les organisations internationales pour affirmer leur légitimité sur la scène internationale mais également la « diffusion », par ces mêmes organisations, de leurs propres normes par le biais de ces initiatives[3].

---

[1] Haroun Jamous, *Sociologie de l'action*, Paris, Éditions du CNRS, 1969. Michael Barnett, Martha Finnemore, *Rules for the World, International Organizations in Global Politics*, Cornell University Press, 2004, p. 2, traduit et cité par Marieke Louis, *ibid.*, p. 11.

[2] Susan Park, "Norm diffusion within international organizations: a case study of the World Bank", *Journal of international relations*, 2005, vol. 8, n° 2, pp. 111-141.

[3] Michael Barnett, Martha Finnemore, *op. cit.*

CHAPITRE 1

LA QUETE DE LA LEGITIMATION DE LA BANQUE MONDIALE PAR LA RECONNAISSANCE DES BANQUES CULTURELLES

Si la réussite de l'entreprise de traduction de Todd Crosby semble satisfaisante pour expliquer la sélection du modèle de la Banque Culturelle lors du « Development Marketplace » de la Banque Mondiale, elle ne peut expliquer à elle seule le choix d'un projet local mettant en relation les notions de patrimoine culturel et de développement par une institution privilégiant jusqu'alors une approche classique du développement selon une perspective « *top-down* ». Paradoxe pourtant soluble si l'on considère la « fenêtre d'opportunité[1] » que constitue le contexte de « changement » à la Banque Mondiale à la fin des années 1990. Celui-ci s'incarne dans deux programmes majeurs : celui de la « Lutte contre la Pauvreté » et celui de la « Knowledge Bank » (Banque de savoir), au confluent desquels se situe le forum du « Development Marketplace ». Soluble également si l'on considère le comportement des organisations internationales sous celui de la « consommation » de normes afin de renforcer leur légitimité sur la scène internationale, reprenant ainsi l'idée de Susan Park[2].

---

[1] Nous avons ici transposé l'expression de John Kingdon dans *Agendas, Alternatives and Public Policies* (1984), Boston, Little Brown and Company, 2003, p. 174.

[2] Susan Park, *op. cit.*

1. Les années 1990, un tournant dans la politique de la Banque Mondiale

La crise de légitimité rencontrée par la Banque Mondiale à la fin des années 1990

À la fin des années 1990, la Banque Mondiale est face à une « crise de légitimité » suite à l'échec des politiques d'ajustements structurels menées avec le FMI[1]. Emblématiques du tournant néolibéral des années 1980 provoqué par le second choc pétrolier de 1979 et la crise de la dette de 1982, ces programmes ont pour conséquence un recentrage des politiques d'aide au développement sur l'« approche programme », autrement dit sur l'adoption de programmes de développement généraux à Washington puis leur mise en œuvre « clef en main » dans les pays en développement. Cette forme d'aide est, de plus, conditionnée par l'adoption de la doctrine et des recettes du « consensus de Washington[2] », c'est-à-dire « libéralisation, privatisation, dérèglementation » d'un côté, « diminution des dépenses publiques, vérité des prix et de la monnaie, démantèlement des protections tarifaires, désengagement de l'État[3] » de l'autre. Pour recouvrer sa légitimité perdue sur la scène internationale en tant qu'organisation internationale référente dans le domaine du développement et en tant que premier centre de recherche et d'études sur le développement, la Banque Mondiale doit alors initier un changement paradigmatique tant sur le fond, dans son appréhension des notions de développement et de pauvreté, que sur la forme, dans la manière de recueillir l'information sur les enjeux et les projets de développement. Sur le fond, un changement d'ordre cognitif est initié, par le paradigme de la « Lutte contre la pauvreté » en 1999[4], correspondant au

[1] Jean-Pierre Cling, François Roubaud, *La Banque Mondiale*, Paris, La Découverte, 2008, pp. 53-55.
[2] Expression de John Williamson, *ibid.*, p. 43.
[3] Marie-Claude Smouts, Bretton Wood (système de), in *Dictionnaire des Relations Internationales*, Paris, Dalloz, 2006 (2e éd.), p. 43.
[4] Jean-Pierre Cling, *ibid.*, p. 8.

troisième modèle de changement dans les organisations internationales selon la typologie d'Olivier Nay et de Frank Petiteville. Celui-ci est distinct de la réforme institutionnelle (1er type de changement) et de la reconfiguration intergouvernementale (2e type de changement). Selon ces deux auteurs, le changement « d'ordre cognitif et normatif » :

> (...) peut intervenir hors de toute réforme institutionnelle ou au contraire accompagner celle-ci, et conduit l'organisation à réévaluer son rapport à son environnement, via une inflexion des règles existantes. J. Mahoney et K. Thelen analysent ce changement d'impact des règles produites par l'institution soit en termes de 'changement dérivé' (drift), car lié aux changements qui affectent l'environnement de l'institution, soit en termes de 'conversion' (conversion), lorsque ce sont les modalités de mise en œuvre des règles qui changent[1].

Dans le cas de la Banque Mondiale, qui « a progressivement délaissé la référence néolibérale au consensus de Washington au profit du 'paradigme' de la lutte contre la pauvreté[2] », il s'agit de l'articulation de ces deux stratégies puisque, suite à un changement dans l'« environnement » de la Banque Mondiale lié aux critiques unanimes des programmes d'ajustements structurels ainsi qu'à l'émergence des enjeux sociaux au sein du multilatéralisme dans les années 1990, les « modalités de mises en œuvre des règles » de l'organisation en viennent à s'adapter. Ce changement d'ordre cognitif au sein de la Banque Mondiale, en tant que « changement dérivé » peut être compris à l'aune de l'émergence du « multilatéralisme social[3] » dans les années 1990. Le multilatéralisme social se situe au confluent de deux tendances générales selon Marieke Louis. La première tendance est celle du « nouveau multilatéralisme » de Robert Cox qui « inclurait les mouvements dans la profondeur des sociétés prêtes à entrer dans un dialogue constructif et viendrait s'appuyer sur cette

---

[1] Olivier Nay, Frank Petiteville, *op. cit.*, pp. 6-7.
[2] *Ibidem*.
[3] Concept emprunté à Marieke Louis, *op. cit.*, pp. 17-18.

pression 'par le bas' pour élargir la participation ainsi qu'une plus grande égalisation des chances dans les processus multilatéraux » et qui « s'inscrit dans le processus plus large de recomposition de la société civile et de l'autorité politique 'par le bas'[1] ». La seconde tendance est celle du « multilatéralisme complexe » de Robert O'Brien, qui relève de « l'élargissement de l'agenda politique et l'inclusion de thèmes sociaux[2] ». Dans le contexte de ce multilatéralisme social, le paradigme du développement subit deux changements majeurs à la Banque Mondiale. Sur la forme, le changement se manifeste par la prise en compte de nouveaux *acteurs*, par l'accent porté sur l'appropriation des politiques par les pays concernés, l'insertion des pauvres dans les stratégies de réduction de la pauvreté et la responsabilisation démocratique des gouvernements. Sur le fond, le changement apparaît comme la prise en compte de nouveaux *enjeux,* par l'adoption d'une approche compréhensive du développement. Guillaume Devin et Marie-Claude Smouts évoquent sur ce point la « présence tentaculaire » de la Banque Mondiale dans tous les domaines de l'action multilatérale :

> L'influence de la Banque Mondiale et sa prédominance dans la hiérarchie institutionnelle proviennent moins de son rôle de prêteur que d'une stratégie de *présence tentaculaire* dans tous les mécanismes d'aide multilatérale et dans tous les secteurs, en grignotant les programmes des institutions spécialisées de l'ONU (UNESCO, OMS, BIT, FAO) et les prérogatives du PNUD censé les coordonner[3].

Ils énoncent ensuite les différents domaines dans lesquels la Banque Mondiale étend ses compétences :

> La Banque Mondiale est partout et montre une capacité remarquable pour absorber les thèmes en vogue et présenter

---

[1] Robert W. Cox, Labor and Hegemony, in COX, Robert H, SINCLAIR, Timothy J., *Approaches to world order*. Cambridge, Cambridge University Press, 1996, pp. 420-470, cité par Marieke Louis, *ibid.*

[2] Robert O' Brien, Anne-Marie Goetz, Jan Aart Scholte (eds.), *Contesting Global Governance. Multilateral economic institutions and global social movements*, cité in *ibid.*

[3] Guillaume Devin, Marie-Claude Smouts, *Les Organisations internationales*, Paris, Armand Colin, 2011, p. 202

comme sien les concepts et stratégies élaborés par d'autre : besoins essentiels (OIT), biens publics mondiaux (PNUD), indicateurs du développement humain (PNUD), éducation pour tous (UNESCO), sécurité alimentaire (FAO), lutte contre la pauvreté (PNUD)[1].

Le changement de paradigme à la Banque Mondiale sous l'influence d'Amartya Sen et Joseph Stiglitz

Cette analyse du changement de paradigme à la Banque Mondiale selon le paramètre cognitif rappelle l'analyse des « révolutions scientifiques » de Thomas Kuhn analysée par Patrick Hassenteufel. Selon cet auteur, de même qu'un paradigme scientifique, un paradigme de politique publique et de développement plus précisément n'est autre qu'un « système de représentation dominant à une période donnée[2] ». L'orientation de ces deux nouvelles dynamiques du multilatéralisme social dans le champ du Développement n'est pas le fruit du hasard, mais bien plutôt celui de l'influence intellectuelle des deux penseurs les plus influents de l'époque selon Frédéric Ramel[3] : Amartya Sen et Joseph Stiglitz. Amartya Sen[4], par son invention de la notion de « capabilité » articulant les notions de capacité et de liberté, ajoute à l'appréhension quantitative de la pauvreté une dimension qualitative en la redéfinissant comme l'absence de

---

[1] *Ibid.*, p. 202.

[2] Thomas Kuhn. "La structure des révolutions scientifiques", in Patrick Hassenteufel. *Sociologie politique : l'action publique*, Paris, Armand Colin, 2011 (2e éd.), p. 122.

[3] Frédéric Ramel. "Le développement au prisme des valeurs : de l'attraction mondiale aux réalités africaines. L'Afrique : multilatéralisme et sécurité humaine", *Le Bulletin*, vol. 3, n° 2, juillet 2010, pp. 22-31.

[4] « Avec les nouveaux concepts d'appropriation des politiques (*ownership*) dans le cadre des processus participatifs, d'insertion des pauvres (*empowerment*) et de responsabilité démocratique des institutions publiques (*accountability*), la Banque mondiale est entrée de plain-pied dans le champ politique auparavant délaissé. En un temps très court, elle s'est approprié deux théories situées en marge de la vulgate de l'économie standard, mais toutes deux couronnées par le prix Nobel d'Économie : l'économie du développement humain promue déjà depuis plusieurs années par le PNUD *(Amartya Sen et le concept de capabilities, 1998), l'économie institutionnelle (Douglass North, 1993)* », in Jean-Pierre Cling, "La Banque mondiale, entre transformations et résilience", *Critique internationale*, 2011, vol. 53, n° 4, p. 13.

liberté de choisir son mode de vie. Il accentue ainsi non seulement la nécessité de prendre en compte de nouveaux paramètres par l'IDH mais également de prendre en compte la participation des populations locales aux projets de développement, par la définition de leurs besoins. À partir de sa gratification par le « prix de la Banque centrale de Suède en sciences économiques en mémoire d'Alfred Nobel » en 1998, Amartya Sen exerce une influence décisive sur la Banque Mondiale. Selon Alexandre Bertin :

> À ce titre, les recommandations de l'institution en matière de développement et de lutte contre la pauvreté se sont considérablement enrichies, la Banque mondiale n'hésitant pas à utiliser dans ses rapports officiels les notions de capacités, de fonctionnements ou de liberté. L'axe du développement par la liberté est à ce titre celui sur lequel reposent les programmes d'autonomisation de l'individu (*empowerment*) et plus particulièrement des pauvres et des femmes[1].

Joseph Stiglitz, nommé vice-président de la Banque Mondiale en 1997, émet pour sa part de violentes critiques contre l'establishment en charge des politiques de développement au sein des institutions de Bretton Wood « opposant ainsi au 'Consensus de Washington' un 'Consensus stiglitzien'[2] ». En digne successeur de Karl Polanyi, il entend 'ré-encastrer' l'économie dans la société et redonner ainsi aux autres dimensions du développement telles que l'éducation, la santé ou la culture, une place prépondérante au sein d'une approche globale du développement fondée sur la participation[3].

Ces deux influences peuvent être mises en correspondance avec les deux programmes majeurs mis en place par la Banque Mondiale à cette époque, qui, de par leur convergence, expliquent l'émergence du Development Marketplace. Sur le fond, le paradigme de la « Lutte contre

---

[1] Alexandre Bertin, "La pauvreté comme privation de capabilités", *Regards croisés sur l'économie,* 2008, vol. 4, n° 2, p. 44.
[2] Gilbert Abraham-Frois, Brigitte Desaigues, "Du 'consensus de Washington' au 'consensus Stiglitzien'", *Revue d'économie politique*, 2003, vol. 113, n° 1, p. 11.
[3] Joseph Stieglitz, *op. cit.*, pp. 163-182.

la pauvreté », inspiré par les travaux d'Amartya Sen, implique un changement apparemment radical dans la stratégie de la Banque Mondiale. Contrairement aux plans d'ajustements structurels qui imposaient des conditions aux pays en développement dans une perspective « *top-down* », les dossiers stratégiques de réduction de la pauvreté (DSRP) sont fournis par les États s'ils veulent bénéficier d'un allégement de la dette (PPTE) ou d'une aide financière concessionnelle. Ainsi, selon Jean-Pierre Cling, « l'objectif central des politiques de développement a changé de nature : d'instrumental et controversé (l'ajustement structurel), il porte maintenant sur les résultats intrinsèques du développement (la réduction de la pauvreté)[1] ».

Si le changement de perspective dans l'aide au développement dispensée par la Banque Mondiale semble se manifester par l'inclusion d'*enjeux* sociaux au sein du multilatéralisme, l'inclusion de nouveaux *acteurs* peut pour sa part être illustrée par l'objectif « Knowledge bank ». Celui-ci consiste en une démultiplication des arènes de partage d'informations, de connaissances et de projets de développement entre acteurs internes et externes à la Banque Mondiale pour réduire non seulement les inégalités mondiales en termes de ressources et de connaissances, mais aussi diversifier les sources d'innovation en termes de projets de développement dans cette institution. Le World Bank Institute, le Centre de Recherche et d'Études de la Banque Mondiale, voit ainsi apparaître en son sein des réseaux tels que le Global Development Network en 1999, le Global Development Learning Network de 2000 ou encore le Development Gateway de 2001, mais aussi des forums, tels que le Development Marketplace en 1998[2]. On peut donc en déduire, avec Jean-Pierre Cling, que la Banque Mondiale comprend trois fonctions : celle d'une « banque de développement », celle d'une « banque de savoir » et celle

---

[1] Jean-Pierre Cling *et al.*, "La Banque mondiale et la lutte contre la pauvreté : « tout changer pour que tout reste pareil ?", *Politique africaine*, 2002/3, n° 87, p. 165

[2] Frannie Leautier, "Creating the knowledge bank", in KAGIA, Ruth. *Balancing the development agenda: the transformation of the World Bank under James D. Wolfensohn,* Washington DC: World Bank, 2005, pp. 103-104.

d'une « banque d'affaires » et que sur ces trois fonctions deux subissent un changement d'« ordre cognitif et normatif[1] », la centralité du marché propre à la banque d'affaires n'est donc pas altérée[2].

Le « Development Marketplace » au confluent de la « Banque de développement » et de la « Banque de savoir[3] »

Le « Development Marketplace » de 2002, intitulé « Searching for Solutions : empowering and investing in the Poor », se situe à la jonction de ces deux objectifs, celui de la « Lutte contre la pauvreté » et celui de la « Banque de savoir », de par son discours et de par sa structure. Sur le plan du *discours*, la thématique « Empowering Poor People to Participate in Development and Investing in Them » est expliquée comme suit sur le site du World Bank Institute :

> *Effective* participation *involves bringing the influence of poor people into the development process,* enabling *them to develop their* capabilities *and to* contribute *to and* benefit *from growth. Basic services, especially education and health, are a priority. Building poor people's assets, and protecting those who are most vulnerable, are also essential elements of poverty reduction*[4].

À cette présentation de la première thématique s'ajoute celle de la seconde « Building the Climate for Investment, Jobs, and Sustainable Growth » qui commence comme suit :

---

[1] Olivier Nay et Andy Smith, *op. cit.*

[2] Jean-Pierre Cling, "La Banque mondiale, entre transformations et résilience". *Critique Internationale*, 20 011, vol. 53, n° 4, p. 3.

[3] Jean-Pierre Cling, *ibid.*, p. 165.

[4] « La *participation* (participation) effective inclut la participation des personnes pauvres au processus de développement, en leur permettant de développer leurs *'capabilités'*, de *contribuer* à cette croissance tout en en bénéficiant. Les services de base, notamment l'éducation et la santé, sont des priorités. Construire le capital de ces gens pauvres, et protéger ceux qui sont les plus vulnérables, sont également des éléments de la réduction de la pauvreté[4]. » TdA, à partir de Banque Mondiale. Présentation du DM de 2002:
http://wbi worldbank.org/wbdm/competition/2002-global-dm-searching-solutions-empowering-and-investing-poor (dernière consultation le 18 mai 2014).

Sustainable and equitable growth is vital for the generation of the jobs and the resources for services that are crucial for poverty reduction. This growth depends fundamentally on creating a positive investment climate for micro, small, medium, and large firms including the related governance, institutional and policy structures, and the necessary infrastructure. It also means reducing volatility and the risk of financial crisis[1].

Puis cette seconde thématique est présentée de la manière suivante :

These themes underpin the World Bank Group's priorities in the fight against poverty. They are inter-related, embody an emphasis on capacity building, and reflect the translation of the main themes of the World Bank's World Development Report 2000 into action opportunity, empowerment and security. Taken together, they ensure the promotion, sustainability and equitability of growth, as well as the participation of poor people in that process. Effective action in both areas is crucial for sustained poverty reduction[2].

Le vocabulaire employé dans cette présentation est emblématique du glissement sémantique dans les discours de la Banque Mondiale vers un vocabulaire managérial, pour conférer à ceux-ci une apparente objectivité[3]. Nous pouvons

---

[1] « Une croissance durable et équitable est vitale pour la génération d'emplois et de ressources nécessaires à la création de services cruciaux dans la réduction de la pauvreté. Cette croissance dépend fondamentalement de la création d'un climat favorable aux investissements pour les micros, petites, moyennes et grandes entreprises incluant la gouvernance, les structures institutionnelles et politiques, et les infrastructures nécessaires. Cela signifie également réduire la volatilité et le risque de crise financière. » TdA, *ibid.*

[2] « Ces thèmes sous-tendent les priorités de la Banque Mondiale en matière de *lutte contre la pauvreté.* Ils sont reliés, ils incarnent l'accent porté sur le renforcement des capacités, et ils reflètent la transformation des principaux thèmes du Rapport de la Banque Mondiale sur le Développement de 2000 en de nouvelles opportunités d'action, notamment en matière d'*empowerment* et de sécurité, et l'implication des pauvres dans ces processus. Des actions réelles dans les deux domaines sont indispensables pour réduire la pauvreté. » TdA, à partir de Banque Mondiale. Présentation du DM de 2002 :
http://wbiworldbank.org/wbdm/competition/2002-global-dm-searching-solutions-empowering-and-investing-poor (dernière consultation le 18 mai 2014).

[3] Francine Mestrum, "La pauvreté multidimensionnelle. La dynamique sémantique dans le discours de la Banque mondiale", *Mots. Les langages du politique*, 2008,

scinder ce vocabulaire en deux catégories : celle de l'« *empowerment*[1] », issu de la théorie des « capabilités » d'Amartya Sen qui consiste à redéfinir la pauvreté jusqu'alors définie comme une faiblesse du revenu en une incapacité des individus à choisir leur mode d'existence (termes : *empowering*, *enabling*) et celle de la « gouvernance », héritée de la conception *globale* du développement de Joseph Stiglitz[2] valorisant les bonnes pratiques démocratiques et plus largement la participation et l'appropriation des initiatives de développement par les populations pour garantir l'efficacité des mesures économiques.

Sur le plan de la *structure*, le Development Marketplace se caractérise d'une part par son ouverture aux nouvelles initiatives de « Lutte contre la pauvreté » : en janvier 2002, l'initiative de la Banque Culturelle est l'une des 39 initiatives sélectionnées sur un total de 2400 initiatives venues de 120 pays différents. Ce forum se caractérise, d'autre part, par son ouverture aux acteurs externes à la Banque Mondiale puisque le jury de sélection comporte des exécutants, des investisseurs et des professionnels du développement qui évaluent les projets selon quatre critères de sélection que sont l'impact social, la durabilité, le potentiel de croissance et

---

vol. 88, n° 3, p. 27.

[1] Anne-Emmanuèle Calves, "“Empowerment” : généalogie d'un concept clé du discours contemporain sur le développement", *Revue Tiers Monde*, 2009, vol. 200, n° 4, pp. 735 -749.

[2] « Dans le domaine de la prise en compte de l'économie politique et des institutions, le tournant majeur qu'a été le lancement des nouvelles stratégies de réduction de la pauvreté et la publication du Rapport sur le développement dans le monde (2000) s'est confirmé au cours des années suivantes. On peut voir dans cette évolution l'influence de Joseph E. Stiglitz, alors économiste en chef de la Banque mondiale (1997-2000), mais surtout la reconnaissance des conséquences des erreurs passées », in Jean-Pierre Cling, *La Banque mondiale, entre transformations et résilience*, *op. cit*, p. 13.

l'innovation[1]. Le forum du « Development Marketplace », que nous pourrions définir avec Patrick Hassenteufel comme un « lieu(x) de production et de diffusion des matrices cognitives (…), lieu(x) de construction intellectuelle de l'action publique[2] » consacre à la fois la démarche « *bottom-up* » et l'« approche projet », s'opposant ainsi, par sa structure même, au modèle « *one size fits all*[3] » des plans d'ajustements structurels[4]. Défini sur le site du World Bank Institute comme suit, le Development Marketplace fonctionne en effet comme un laboratoire d'expérimentation de nouvelles formes de développement local et participatif :

> *A competitive grant program that identifies and funds innovative, early stage development projects that are scalable and/or replicable, while also having high potential for development impact. The grant beneficiaries are social entrepreneurs with projects that aim to create jobs and/or deliver a range of social and public services to low-income groups. We also serve as an intermediary and broker to connect our guarantees to advisory services and follow-on funding. Though we are a global program, our current focus is on countries in East Africa, the Middle East and South Asia*[5].

---

[1] Social Impact : *providing low income communities with greater access to goods/services, and/or income generation opportunities.*
Sustainability : *enterprises need to have been operational for at least two years and demonstrate they are on a pathway to organizational and financial self- sufficiency.*
Growth Potential : *proposals should exhibit potential for being replicable/ scalable and be of potential interest to social investors and/or mainstream venture investors and financial institutions.*
Innovation : *the extent to which the organization and project have innovative and inclusive approaches to lowering costs and enhancing affordability".*
Voir le site du Development Marketplace, onglet "component of a winning story", ressource électronique : http://wbi.worldbank.org/wbdm/stories (dernière consultation le 16 mai 2014).

[2] Patrick Hassenteufel, *op. cit.*, p. 127.

[3] Jean-Pierre Cling, *La Banque mondiale, entre transformations et résilience, op. cit.*, p. 9.

[4] « L'objectif est de renoncer aux conditionnalités imposées, reconnues comme inopérantes, et d'établir une nouvelle relation plus égalitaire entre les acteurs du développement. » *Ibid.*, p. 10.

[5] « Un programme de bourses qui identifie et finance des projets innovants en termes de développement de base, extensifs et réplicables, promettant un fort impact en terme de développement. Les bénéficiaires de cette bourse sont des entrepreneurs sociaux dont les projets tendent à créer des emplois ou à délivrer une palette de services sociaux et publics à des groupes défavorisés. Nous nous posons

Ce forum, comme nous l'avons vu, s'oppose aux programmes précédents par son ouverture à de nouveaux acteurs et à de nouveaux enjeux. Il est brandi comme un étendard par son créateur, James Wolfensohn, qui le conçoit comme une révolution majeure de par sa démarche « *bottom-up* », son ouverture à un large public et sa prise de décision concertée entre fonctionnaires et praticiens du développement ; il en fait donc un des symboles majeurs de son mandat à la Banque Mondiale :

> *It was revolutionary. It was also a series of first: the first time any president of the bank had asked every staff member and everyone in the development community – not just seniors managers of the Bank – for good ideas to fight poverty; the first time the beautiful atrium of the new Bank building was thrown open to a large public; the first time award decisions were made within twenty-four hours by a collaborative group of our young executives bringing together aid experts, NGOs and private sector*[1].

Il conclut : « *In other words, the first truly global and public effort to use the wisdom of simple practitioners to innovate in the fight against poverty*[2]. »

---

aussi en intermédiaire pour satisfaire vos garanties en termes de services et de suivi de financement. Bien que nous lancions un programme global, un programme global, nous ciblons principalement les pays situés en Afrique de l'Est, au Moyen-Orient et en Asie du Sud. » TdA, à partir de Banque Mondiale. Présentation du DM de 2002, ressource électronique :
http://wbiworldbank.org/wbdm/competition/2002-global-dm-searching-solutions-empowering-and-investing-poor (dernière consultation le 18 mai 2014).

[1] « C'était révolutionnaire. C'était également une série de premières fois : la première fois que le président de la Banque a demandé à tous les membres de l'équipe et ceux de la communauté du développement – et non seulement aux membres de la haute direction – leurs idées pour lutter contre la pauvreté ; la première fois que le magnifique hall d'entrée de la nouvelle Banque a été ouvert à un large public ; la première fois que la sélection des projets retenus a été faite en 24 h par un groupe où collaboraient nos jeunes fonctionnaires et des experts, des membres d'ONG et du secteur privé. » TdA, à partir de James D. Wolfensohn. *A Global life: my journey among rich and poor, from Sydney to Wall Street to the World Bank*, New York/ Public Affairs Book, 2010, pp. 327-328.

[2] « Autrement dit, le premier effort global et public d'utiliser le bon sens du commun des hommes sur le terrain pour innover dans la lutte contre la pauvreté. » TdA, *ibid.*

James Wolfensohn, un « leader créatif » à la tête de la Banque Mondiale

En tant que Président de la Banque Mondiale, James Wolfensohn a lui aussi joué un rôle prépondérant dans ce changement de paradigme en permettant à la double influence d'Amartya Sen et de Joseph Stiglitz d'agir sur les politiques de la Banque Mondiale. Selon Marieke Louis et Lucile Maertens, le statut du leadership comme facteur de changement dans les organisations internationales – bien que reconnu par Michel Crozier et Erhard Frieberg dès les années 1970 – fait figure de parent pauvre en sociologie des organisations internationales[1]. Leur constat est partagé par Kent Kille qui, dans son article sur les capacités et les qualités des leaders, regrette le manque de responsabilités accordées au « *Chairman*, Directeur général, Directeur exécutif, Secrétaire général et Président[2] » à la tête des organisations internationales. À la manière de Simon Rushton, qui analyse le rôle de Boutros Boutros-Ghali à travers la théorie des normes de Barnett et Finnemore[3], nous pourrions aussi envisager le rôle de James Wolfensohn comme un « entrepreneur de normes » ou encore comme une « personnalité réformatrice[4] » à la manière de Haroun Jamous. Le mandat de James Wolfensohn à la Banque Mondiale est en effet présenté par de nombreux auteurs comme une réforme de cette dernière. On peut par exemple

---

[1] « Les stratégies de changement envisagées (…) ne correspondent pas nécessairement à des projets clairs, cohérents, calculés en fonction des coûts et des avantages anticipés par des acteurs rationnels, mais comme des manières d'organiser un travail, une action en fonction d'intérêts mais aussi d'opportunités offertes par le contexte (Crozier et Friedberg 1992), ce qui permet d'insister sur la capacité des OI à mettre en place des conditions propices au changement et à agir dans un environnement contraint. » In Marieke Louis, Lucile Maertens, *op. cit.*, p. 2.

[2] Kent Kille, "Secretaries-General of International Organization. Leadership capacity and qualities", in REINALDA, Bob (dir.), *Routledge Handbook of International Organization*, Londres, Routledge, 2013, pp. 218-230.

[3] Simon Rushton, "The UN Secretary-General and Norm Entrepreneurship: Boutros Boutros-Ghali and Democracy Promotion. Global Governance", *Review of Multilateralism and International Organizations*, janvier-mars 2008, vol. 14, n° 1, pp. 95-110, in Kent Kille, *ibid.*, p. 223.

[4] Ce que ne dément pas sa femme. Elaine Wolfensohn, spécialiste de l'éducation et diplômée de Wellesley et de l'université Columbia, entretien Skype, 27 avril 2014.

lire dans l'introduction de l'ouvrage *Voices for the world's poor* :

> *In a profile of Wolfensohn's tenure in the National Journal in January 2005, Bruce Stokes wrote that he 'gave voice to the world's poor, integrating their views into the Bank's planning.' In the process, Wolfensohn* changed the face and the character of an institution *that had previously been seen by many as heartless and arrogant. By describing the challenge of development in terms of people, not number – as he did on the stage that morning at Constitution Hall– Wolfensohn put the spotlight back on the World Bank's real purpose: fighting global poverty and helping the world's poor people forge a better life*[1].

Nous préfèrerons à ces qualificatifs celui de "leader créatif", dérivé du « leadership créatif » de Peter Haas défini comme « ce qui permet à une organisation d'adopter de nouveaux objectifs dans la mesure où son environnement interne et externe le rend nécessaire[2] ». Sous son mandat en effet, la culture acquiert un statut prépondérant au sein du développement, du moins dans ses discours. Le vibrant plaidoyer offert lors de la conférence du 4 octobre 1999 à Florence intitulée « Culture Counts : A Conference on Financing, Resources, and the Economics of Culture in Sustainable Development » en est un exemple prégnant. Il

---

[1] « Dans une description des caractéristiques du mandat de de Wolfensohn dans le National Journal de Janvier 2005, Bruce Stokes avait écrit qu'il 'avait donné une voix aux pauvres, en intégrant leurs opinions aux plans de la Banque'. Dans le processus, Wolfensohn avait changé la face et le caractère de l'institution qui avait été considérée auparavant comme sans coeur et arrogante. En décrivant les défis du développement en prenant en compte les individus et non les chiffres – comme il l'avait fait en public ce matin-là dans la salle de la Constitution – Wolfensohn avait braqué les projecteurs sur la réelle fonction de la Banque Mondiale : lutter contre la pauvreté mondiale et aider les personnes défavorisées à obtenir une vie meilleure. » TdA, à partir de James D. Wolfensohn. Remarks at Culture Counts: A conference on financing, resources, and the economics of culture in sustainable development, Florence, Italy, 4 october 1999 In *Voices for the world's poor: selected speeches and writings of World Bank's president James D. Wolfensohn 1995-2005*, Washington DC: World Bank, pp. 168-174.

[2] Ernst Haas. *Beyond the nation state. Functionalism and International Organizations*, Standford : Standford University Press, 1964, p. 95, in Marieke Louis, Lucile Martens, *op. cit.*, pp. 13-14.

commence par présenter le lien intrinsèque entre Culture et Développement :

> *The issue of culture and development is not one that we regard as controversial. We start from the proposition that you cannot have development without recognition of culture and of history. In a world that is becoming increasingly globalized, in a world where there are pressures for cultural homogeneity across all our countries, what is abundantly clear is that it is essential for us to nurture, to prize, to revere, and to support the culture and the history of the countries in which we operate*[1].

Il conclut ensuite son plaidoyer par une formule simple et marquante : « *Very simply, we do not believe that you can move forward unless you recognize the base and the past from which we have come*[2] ». Cette sensibilité du président de la Banque Mondiale à la question de la culture dans le développement et le souvenir de son premier voyage en tant que président de la Banque Mondiale au Mali, dont il admire la « richesse culturelle », semblent dès lors expliquer la séduction qu'opère sur lui le modèle de la Banque Culturelle lorsqu'il assiste au Development Marketplace. Cette séduction éclaire également la volonté de James Wolfensohn d'allouer un fonds de prévoyance à cette initiative pour faire face à la dissolution de l'ACCF.

Le fait, pour la Banque Culturelle, d'être sélectionnée au sein de cette arène emblématique de l'ère Wolfensohn qui combine à la fois le projet de « Lutte contre

---

[1] « La question de la culture et du développement n'est par perçue comme controversée. Nous partons de la proposition selon laquelle il ne peut y avoir de développement sans connaissance de la culture et de l'Histoire. Dans un monde qui devient de plus en plus mondialisé, dans un monde où des pressions s'exercent pour imposer une uniformisation culturelle, il devient clair qu'il est essentiel pour nous de soutenir, de valoriser, d'admirer et de soutenir la culture et l'histoire des pays dans lesquels nous intervenons. » TdA, à partir de James D. Wolfensohn. Address at a conference on Culture and Sustainable Development: Investing in the Promise of Societies, Washington, D.C., September 28, 1998, in *Voices for the world's poor: selected speeches and writings of World Bank's president James D. Wolfensohn 1995-2005*, Washington DC: World Bank, p. 174.

[2] « Pour le dire simplement, nous ne croyons pas que vous pouvez avancer sans avoir reconnu les fondements du passé dont nous sommes issus. » TdA, à partir de James D. Wolfensohn, *ibid.*, p. 174.

la pauvreté », de « *Knowledge bank* » et d'insertion de la culture dans le développement favorise l'établissement du modèle de la Banque Culturelle en « *success story* » du Development Marketplace. On peut ainsi lire dans le rapport de l'APQC[1] intitulé « *The World Bank: using knowledge managment to drive innovation* » :

> *The community has also been a springboard and laboratory for innovation. New project proposals have been developed based on specific artisan needs and the ideas that have emerged from the ongoing dialogue. For example, in January of 2002 the World Bank-sponsored development marketplace awarded a grant for a project to build creative communities in Mali, which is firmly rooted in the artisan community. The grant will help replicate, on a broader scale, the extremely inventive concept of using cultural artifacts (which are eventually displayed in a village museum) as collateral for supplying credit to local entrepreneurs*[2].

A priori, la réappropriation du modèle de la Banque Culturelle par la Banque Mondiale pourrait être uniquement interprétée comme la simple « consommation » d'une norme énoncée par une ONG – ACCF[3], par une OI – la Banque Mondiale – pour renforcer ses normes internes et accroître sa légitimité sur la scène internationale. Ce raisonnement s'inscrirait dans la théorie de Susan Park, qui énonce « *IOs interact with and consume norms from non-state actor such*

---

[1] American Productivity & Quality Center, un partenaire de la Banque Mondiale spécialisé dans le managment (http://www.apqc.org/about).

[2] « La communauté a été à la fois un tremplin et un laboratoire d'innovations. Les propositions de nouveaux projets ont été développées, fondées sur les besoins spécifiques des artisans ainsi que sur de nouvelles idées ayant émergé du dialogue en cours ; par exemple, en janvier 2002, a été retenu par la Banque Mondiale à travers le programme "Development marketplace" un projet malien de développement de groupes créatifs fortement ancrés sur les artisans. Il s'agit de reproduire sur une plus grande échelle le concept extrêmement novateur qui consiste à utiliser des objets culturels (éventuellement exposés dans un musée) comme support à l'obtention d'un crédit par des entrepreneurs locaux. » TdA, à partir de APQC. The Worldbank : using knowledge managment to drive innovation, p. 13, ressource électronique:
http://www.apqc.org/knowledge-base/documents/using-knowledge-management-drive-innovation-world-bank-case-study/(dernière consultation le 10 mai 2014).

[3] Il s'agit ici de l'African Cultural Conservation Fund fondée par Todd Crosby.

as transnational advocacy networks, a process overlooked by the constructivist analysis of institutions[1] ». Partant, pour notre part, du postulat selon lequel les organisations internationales sont à la fois des consommatrices et des diffuseuses de normes et de « bonnes pratiques », nous reconnaîtrons néanmoins à cette approche, le mérite d'accentuer le va-et-vient normatif entre les organisations internationales et les réseaux transnationaux.

2. La création d'un groupe d'experts maliens, ou la diffusion des pratiques de la Banque Mondiale

La Banque Culturelle, une occasion de diffuser la norme du* women's empowerment *en Afrique de l'Ouest

Nous avions déjà vu dans la première partie que les Banques Culturelles avaient été sélectionnées grâce à leur proximité avec les programmes de « *women's empowerment* » de la Banque Mondiale. Nous allons maintenant voir comment la Banque Culturelle a représenté, pour la Banque Mondiale, une opportunité de diffuser ses normes et ses bonnes pratiques au niveau local par le biais d'une structure susceptible de faire rapidement l'objet d'une appropriation par les populations. Ceci confirme la thèse de Michael Barnett et Martha Finnemore, pour lesquels :

[1] Susan Park, *op. cit.*, p. 111.

By establishing categories, fixing meanings, and diffusing norms, IOs use their authority to exercise power and influence the world (...) IOs define problems for other actors (by classifying them as such), specify which actors have responsibility for solving those problems, and use their authority to identify the right solution for the particular problem under consideration[1].

Ainsi, les deux fonctionnaires chargées de la supervision du projet des Banques Culturelles au sein de la Banque Mondiale sont toutes deux issues du programme « Femmes et formation en gestion appliquée » (FEFGA). Le modèle de la Banque Culturelle prend donc une coloration beaucoup plus féministe pendant cette période. Concrètement, Pietronella Van den Oever et Marguerite Monnet se rendent régulièrement sur le terrain pour assurer des formations complémentaires pour les femmes des villages de Kola et Degnekoro, en « *money managment* », « *group managment* », marketing et production[2]. Mais leur mission consiste surtout à créer un véritable *réseau* d'experts maliens sous l'égide de l'association APBC[3]. Or, les réseaux impliquent, selon les auteurs néo-institutionnalistes David March et Martin Smith « l'institutionnalisation de croyances, de valeurs, de cultures et de formes particulières de comportements. Ce sont les organisations qui façonnent des attitudes et des comportements[4] ». La Banque Mondiale, en créant ce réseau,

---

[1] « En établissant des catégories, en fixant les significations, et en diffusant les normes, les OIs utilisent leur autorité pour exercer leur pouvoir et leur influence sur le monde (…). Les OIs définissent les problèmes pour les autres acteurs (en les classant comme tels), elles spécifient quels acteurs ont une responsabilité dans la résolution de ces problèmes, et elles utilisent leur autorité pour identifier une solution viable pour des problèmes spécifiques. » TdA, à partir de Michael Barnett et Martha Finnemore, *op. cit.*, p. 34.

[2] Pietronella Van den Oever, ancienne membre senior du World Bank Institute, échange de mails, 18 avril 2014.

[3] Association qui « compte un président d'Association, un secrétaire à la Préservation du patrimoine culturel, une trésorière, trois secrétaires chargés de la formation et du suivi du microcrédit et deux secrétaires en formation en Gestion à la base (FGB) », in Aldiouma Yattara. Les Banques Culturelles du Mali : une expérience porteuse d'espoir. *Africultures*, 2007, vol. 70, n° 2, p. 179.

[4] David Marsch, Martin Smith, "Understanding Policy Networks: toward a dialectical approach", *Political studies*, 2000, vol. 49, n° 1, p. 6, in Hassenteufel, Patrick, *op. cit.*, p. 134.

œuvre donc non seulement pour la diffusion du modèle des Banques Culturelles grâce à l'expertise de l'équipe malienne, mais aussi pour la diffusion de ses croyances et de ses valeurs, en l'occurrence le « *women's empowerment* » que nous pouvons clairement distinguer dans le Guide de la Banque Culturelle :

> L'implication des femmes doit être encouragée, non seulement par souci d'équité, mais parce que dans la culture malienne, elles ont, en tant que gardiennes des us et coutumes, leur mot à dire sur les questions relatives au développement de leur communauté. Elles sont non seulement reconnues pour être de bonnes gestionnaires, mais elles ont des besoins différents de ceux des hommes et doivent pouvoir parler pour elles-mêmes. Leur participation à la vie de la Banque Culturelle devrait également permettre de perpétuer et de moderniser leur savoir-faire[1].

En nommant Maimouna Sow à la formation en « gestion des ressources humaines », les deux personnes « chargées de programme » réactivent les anciens réseaux locaux déjà mis en place par la Banque Mondiale pour le programme « *Women's managment training and Outreach program* » (WMTOP). Ainsi, la formatrice en gestion de basease, Maimouna Sow, était-elle déjà la correspondante locale de ce programme en tant que directrice d'une coopérative de femmes fabricantes de savons et Sefa Coulibaly, la gestionnaire du programme formation, était-elle déjà directrice d'une « Women's Bank ». Pietronella Van den Oever, ancienne fonctionnaire de la FAO, avait déjà tissé des liens avec ces deux femmes lors d'une de ses missions en 1971[2]. Cette rencontre l'avait déjà, à l'époque, sensibilisée à la question du « *women's empowerment*[3] ».

La Banque Mondiale diffuse également la norme de « gouvernance » en institutionnalisant les différentes

---

[1] Daouda Keita, *Guide de la Banque Culturelle*, CESI/WBI, 2005, pp. 13-14.

[2] Pietronella Van den Oever, ancienne membre senior du World Bank Institute, entretien Skype, 5 février 2014.

[3] Pietronella Van den Oever. « Making Money in Mali: Part 2, A story of two friends who sets out 40 years ago to change Mali Forever », notes personnelles envoyées par mail, 18 avril 2014.

instances de la Banque Culturelle. Ainsi, selon Jean-Pierre Cling :

> Du côté des politiques de développement, l'échec des programmes d'ajustement structurel, la réhabilitation (partielle) du rôle de l'État et l'adoption des nouvelles stratégies de lutte contre la pauvreté ont conduit à placer les questions de gouvernance et d'économie politique au cœur des réformes. (...) La gouvernance est devenue en tant que telle une dimension à part entière du développement, avec ses maîtres mots : appropriation, participation, insertion ou *empowerment*, responsabilité démocratique[1].

Le modèle de la Banque Culturelle permet à la Banque Mondiale d'exposer un mode de gouvernance locale dans le chapitre 4 du Guide de la Banque Culturelle intitulé « la gouvernance et les activités d'une Banque Culturelle » et de traduire ce concept en actes à Kola et Degnekoro :

> La Banque Culturelle est une institution communautaire qui exige une participation active des populations locales. Cette participation devient effective et significative si elle est représentée au niveau de toutes les instances décisionnelles du village. Le caractère communautaire du projet nécessite une représentation importante de la communauté dans sa gestion. La Banque Culturelle est gérée par une association villageoise reconnue officiellement et régie par des textes (statuts et règlement intérieur). L'association se compose de plusieurs instances : l'assemblée générale, le comité de gestion, le comité de crédit, le comité des sages et les commissions[2].

Ce constat confirme la thèse de Guillaume Devin et de Marie-Claude Smouts, pour qui la « socialisation consiste à penser certaines notions (la paix, la sécurité, le développement) dans les termes proposés par les OI : on parlera ainsi de 'sécurité humaine', de 'paix positive', de 'biens publics mondiaux', de 'développement durable'[3]»

---

[1] Jean-Pierre Cling, François Roubaud, *op. cit.*, p. 71.

[2] Daouda Keita, *Le Guide de la Banque Culturelle*, *op. cit.*, p. 12.

[3] Guillaume Devin, Marie-Claude Smouts, *op. cit.*, p. 111.

mais aussi de '*women's empowerement*' et de 'gouvernance'.

La diffusion des pratiques de la Banque Mondiale dans le cadre des modules de formation des nouvelles Banques Culturelles

La diffusion des *normes* de la Banque Mondiale par le modèle de la Banque Culturelle est complétée par celle de ses *pratiques* : celle de la « méthode séquencée » de mise en place des projets de développement et celle de la « formation en gestion à la base ». Une fois la Banque Culturelle reconnue par la Banque Mondiale, sa diffusion à Kola et Degnekoro suit la feuille de route séquencée des projets de développement à la Banque Mondiale. Ainsi, une première évaluation de la Banque Culturelle de Fombori avait-elle déjà été menée par le West Africa Program en 2002[1]. La Banque Mondiale envoie deux experts de l'équipe APBC pour mener deux études de faisabilité en 2003, puis tous les membres d'APBC effectuent des formations dans leurs domaines en septembre 2004[2] : Aldiouma Yattara et Daouda Keita pour le musée villageois[3], Boubacar Macalou et Maimouna Sow pour la gestion des ressources humaines[4] et Robert et Moussa Coulibaly pour la gestion des micro-projets et des activités génératrices de revenus[5]. Chaque groupe fournit un rapport de mission au World Bank Institute (voir sources primaires). Enfin, les deux fonctionnaires de la Banque Mondiale effectuent des comptes rendus à James Wolfensohn tous les trois mois[6].

---

[1] El Hadji Mbaye Gueye. Rapport d'évaluation de la Banque Culturelle de Fombori (Mali), WAMP, décembre 2002.

[2] La répartition des différents groupes a été reconstituée grâce un entretien avec Aldiouma Yattara, Directeur du musée de Gao et membre d'APBC, entretien, 10 décembre 2013, Metz, FRAC Lorraine.

[3] World Bank Institute. Musée villageois : Manuel du formateur, septembre 2004.

[4] World Bank Institute. Gestion des ressources humaines : Manuel du formateur, septembre 2004.

[5] World Bank Institute. Gestion des micro-projets et des activités génératrices de revenus : manuel du formateur, septembre 2004.

[6] Sur les attributions de l'équipe d'encadrement technique, voir Daouda Keita, *op. cit.*, pp. 9-10

D'autre part, le Manuel de formation en Gestion à la Base suit à la lettre le principe de la « Formation en gestion de base » (FGB), décrite comme suit par le Guide de la Banque Culturelle :

> La Formation en gestion de base, méthodologie de formation développée par l'Institut de la Banque Mondiale, au cours d'un projet pilote initié de 1990 à 1996, au Burkina Faso, au Nigeria, au Sénégal et en Inde. Cette méthodologie s'adresse à un public analphabète et se veut participative, motivante, à communication ascendante, pragmatique et basée sur le cycle d'apprentissage des adultes[1].

L'auteur du Guide de la Banque Culturelle poursuit :

> Elle utilise des techniques pédagogiques actives qui favorisent l'apprentissage d'adultes analphabètes. Les techniques d'animation de cours appropriées à la FGB sont : les dessins et les images, les études de cas accompagnées de figurines autocollantes, les saynètes et jeux de rôle, les films vidéo et les proverbes[2].

Selon le « Manuel du Formateur », le formateur doit présenter la formation aux villageois comme un jeu dont les règles sont illustrées par des dessins. Après une brève explication de certains concepts comme le « groupement » au sein de la Banque Culturelle et leur définition, en l'occurrence « la poursuite d'un intérêt collectif », le formateur met en scène les différents problèmes que la Banque Culturelle est susceptible de rencontrer si les participants se concentrent sur leurs intérêts individuels et s'ils ne font pas preuve d'« engagement, de transparence, de détermination et de solidarité [3] ».

La création du réseau d'experts APBC par la Banque Mondiale est donc un moyen, d'une part de diffuser ses concepts de « *women's empowerment* » et de « gouvernance », mais également de diffuser ses pratiques,

---

[1] *Ibid.*, p. 21.

[2] Daouda Keita, *op. cit.*, p. 21.

[3] World Bank Institute. Gestion des ressources humaines : Manuel du formateur, septembre 2004, p. 17.

comme la « formation en gestion à la base ». Pour Sandrine Kott, dans son article *Les organisations internationales, terrains d'études de la globalisation. Jalons pour une approche socio-historique*, la plupart des organisations internationales sont d'anciens réseaux d'acteurs internationaux institutionnalisés :

> Au moment même où ces organisations sont constituées, ces réseaux ont déjà structuré des causes ou des objets sur la base desquels elles peuvent s'appuyer, leur offrant, ce faisant, des savoir-faire qui vont leur servir ensuite à asseoir leur légitimité. Pour certains auteurs, c'est d'ailleurs précisément cette dimension non- ou extra-étatique qui confère aux organisations internationales leur caractère proprement transnational[1].

Il est intéressant de remarquer que dans le cas de la Banque Mondiale, comme dans le cas de l'ICCROM comme nous allons le voir, les deux organisations créent de nouveaux réseaux d'acteurs nationaux ou régionaux sous la forme d'ONG partenaires pour diffuser leurs normes propres. Un mouvement de va-et-vient des organisations internationales entre réseaux sociaux et acteurs étatiques est donc observable, renforçant encore leur caractère transnational.

---

[1] Sandrine Kott, *op. cit.*, p. 14.

CHAPITRE 2

LA « REGIONALISATION » DE L'ICCROM SOUS LES TRAITS DE L'ÉCOLE DU PATRIMOINE AFRICAIN

L'appropriation et la transformation du modèle de la Banque Culturelle par la Banque Mondiale sont complétées quatre ans plus tard par une nouvelle appropriation de la part de l'École du Patrimoine africain, une organisation internationale basée au Bénin. Nous étudierons dans ce chapitre l'origine de l'École du Patrimoine africain et sa parenté avec l'ICCROM, le Centre international d'études pour la conservation et la restauration des biens culturels de Rome, à partir de la généalogie de la notion de « conservation préventive » commune à ces deux institutions. Puis, nous étudierons comment le placement des membres du réseau des anciens élèves de l'EPA à la tête des Banques Culturelles s'inscrit dans l'objectif plus large de cette institution qui entend devenir le centre de formation de tous les directeurs de musées d'Afrique de l'Ouest. Après avoir étudié la diffusion de la norme « *women's empowerment* » par le réseau APBC créé par Banque Mondiale à l'échelle du Mali lors de la création des Banques de Kola et Degnekoro, nous étudierons la diffusion de la « conservation préventive » par le réseau EPA à l'échelle de l'Afrique de l'Ouest par la création de deux nouvelles Banques à Tanéka, au Bénin et à Koutammakou, au Togo.

1. L'École du Patrimoine africain, la succursale de l'ICCROM en Afrique de l'Ouest

Le changement de paradigme de la conservation du patrimoine culturel, la « conservation préventive »

L'École du Patrimoine africain, qui lance en 2007 l'appel à projets pour la diffusion des Banques Culturelles à l'ensemble des pays d'Afrique de l'Ouest, contribue à la « régionalisation » du modèle. Il ne s'agit pas d'une organisation régionale créée par les États ouest-africains, mais par l'ICCROM, en partenariat avec l'université d'Abomey-Calavi du Bénin. Fondé en 1956 lors de la 9e Conférence de l'UNESCO à New Delhi, le Centre international d'études pour la conservation et la restauration des biens culturels est une organisation intergouvernementale regroupant 133 États qui tient le rôle d'organisation consultative auprès de l'UNESCO pour la sélection des sites classés Patrimoine mondial, aux côtés de l'Union internationale pour la conservation de la nature (UICN) et du Conseil International des Monuments et des Sites (ICOMOS). Cette organisation fournit notamment des avis sur la conservation des sites et sur les techniques de restauration[1].

En 1986, l'ICCROM lance la phase pilote de son programme PREMA (*Preventive conservation in museums of Africa*)[2]. La « conservation préventive » est définie par Gaël de Guichen, le conseiller du directeur de l'ICCROM et créateur de cette notion, comme « l'ensemble de toutes les mesures juridiques, administratives, techniques et éducatives qui seront prises et appliquées pour s'assurer que les collections qui forment la mémoire matérielle d'une civilisation soient connues par le public aujourd'hui et transmises dans le meilleur état aux générations futures[3] ». Cette notion représente une révolution dans le domaine de la conservation des biens culturels en ce qu'elle n'envisage plus la conservation comme une pratique *passive* de mise à l'abri des biens culturels dans un musée, mais comme une pratique *active* d'intervention sur les facteurs de détérioration des objets : le climat – la température et l'humidité –, la lumière, les polluants, les contaminations biologiques, l'homme – vol,

---

[1] Voir la liste des organisations consultatives sur le site de l'UNESCO, ressource électronique :
http://whc.unesco.org/fr/organisationsconsultatives/ (dernière consultation le 26 avril 2014).

[2] Site internet du PREMA, ressource électronique :
http://prema.chez.com/prema_gb.htm (dernière consultation le 26 avril 2014).

[3] Malick N'Diaye, *op. cit.*, pp. 145-146.

manipulation, qui peut être complétée, dans les cas de dégradations majeures, par des interventions directes sur les objets, on parle alors de « conservation curative[1] ». Gaël de Guichen vulgarise cette notion dans le cadre de ses cours donnés à l'ICCROM dès 1975 et forme à sa pratique près de 1200 professionnels : des conservateurs, administrateurs, architectes, conservateurs-restaurateurs, scientifiques et bibliothécaires de 60 pays différents. En 1991, cette notion est devenue le thème d'un master à l'Université Paris 1-Sorbonne[2] et est utilisée par de nombreuses institutions : l'Institut du Patrimoine national[3], la BNF[4], le Musée du Louvre, celui du Quai Branly[5]. Le programme PREMA s'inscrit directement dans cette volonté de vulgarisation de la notion de conservation préventive.

***La création d'un réseau de professionnels des musées en Afrique de l'Ouest par l'ICCROM par l'intermédiaire** de l'EPA*

En créant l'EPA, l'ICCROM entend d'une part mettre en place les conditions adéquates pour la formation de conservateurs et de restaurateurs en Afrique de l'Ouest à la « conservation préventive », et d'autre part, créer un réseau de socialisation de l'élite régionale en matière de protection du patrimoine culturel, les membres du réseau étant ensuite

---

[1] Roland, May, Fiche « Conservation préventive-Conservation curative », Centre interrégional de conservation et de restauration du patrimoine, site du CIRCP, ressource électronique :
http://www.cicrp.fr/conservation.html (dernière consultation le 26 avril 2014).
[2] Site du master de l'Université Paris 1-Sorbonne, ressource électronique : http://ceroart.revues.org/2792 (dernière consultation le 26 avril 2014).
[3] Site de l'INP, ressource électronique :
http://www.inp.fr/index.php/formation_permanente/catalogue_de_formation/la_conservation_preventive_principes_fondamentaux (dernière consultation le 26 avril 2014).
[4] Site de la BNF, ressource électronique
http://www.bnf.fr/fr/professionnels/conservation_fiches_pratiques.html (dernière consultation le 26 avril 2014).
[5] Site du Quai Branly, ressource électronique
http://www.quaibranly.fr/fr/collections/la-vie-des-collections/la-conservation-preventive-et-la-restauration/la-conservation-preventive.html (dernière consultation le 26 avril 2014).

placés à la tête des musées nationaux, régionaux et communautaires. Cette double fonction explique d'ailleurs le double statut de l'École du patrimoine africain, qui est à la fois un établissement universitaire de 2nd cycle et une organisation internationale. La relation entre l'École du Patrimoine africain et l'ICCROM est difficile à établir. Sur le plan de l'enseignement, l'EPA s'est structurée autour de l'enseignement de la conservation préventive propre à l'ICCROM quoique son champ d'enseignement se soit également élargi aux domaines de la « médiation culturelle » et de la « conservation/ mise en valeur du patrimoine immobilier ». Sur le plan financier, l'EPA est présentée comme autonome, bien que l'ICCROM contribue toujours à 3,5 % de son capital. Le phénomène de création d'une organisation régionale – l'EPA – par une organisation internationale – l'ICCROM, que nous qualifions « régionalisation », n'est pas un phénomène isolé selon Gaël de Guichen. Celui-ci explique que, suite aux indépendances, la culture était considérée comme un enjeu secondaire pour les gouvernements d'Afrique de l'Ouest nouvellement formés et que les musées en place ont été progressivement délaissés. Dans les années 1969-1970, un mouvement de « régionalisation » est alors entamé par l'UNESCO qui crée les centres régionaux de Jos au Nigeria et de Niamey au Niger grâce au soutien du PNUD. Dans les années 1980, l'International African Institute de Londres crée le West African Museum Program au Sénégal[1], l'ICOM soutient le Conseil international des musées africains (AFRICOM[2]) suivi de l'ICCROM qui conçoit l'École du Patrimoine Africain et le Centre For Heritage Development in

[1] http://fr.wamponline.org/

[2] « En novembre 1991, l'ICOM organisait au Ghana, au Bénin et au Togo les rencontres 'quels musées pour l'Afrique ? Patrimoine en devenir.' De ces rencontres qui ont réuni plus de 120 professionnels de musées est né le programme 'AFRICOM ', programme de l'ICOM pour l'Afrique, qui vise à concevoir les politiques muséales des pays africains de manière globale à l'échelle du continent, en dépassant les barrières nationales et linguistiques. Le programme a abouti à la publication d'un Répertoire des professionnels de musées en Afrique (1993), à la publication de l'étude Pillage en Afrique (1994) et d'un ouvrage sur l'autonomie des musées en Afrique (1995) (...) », in Chloé Maurel, "Que fait l'UNESCO pour le patrimoine culturel africain ?", *Africultures*, 2007, vol. 70, n° 2, p. 153.

Development (CHDA) pour les 20 pays francophones d'Afrique de l'Ouest[1].

Il est intéressant de remarquer que comme la Banque Mondiale, l'ICCROM est face à un changement de paradigme lorsque son antenne régionale reconnaît le concept de Banque Culturelle. Le paradigme de la « lutte contre la pauvreté » dans le champ du développement semble avoir trouvé en celui de la « conservation préventive » un équivalent dans le champ de la conservation du patrimoine. Gaël de Guichen, à l'image de James Wolfensohn, apparaît comme une « personnalité réformatrice » voir un « leader créatif » à l'ICCROM.

2. La poursuite de la stratégie de diffusion régionale de l'ICCROM par les Banques Culturelles

L'originalité du programme MSD dans les programmes de l'ICCROM, son intégration de l'enjeu du développement

Dans cette partie, nous allons voir que les similitudes entre la Banque Mondiale et l'ICCROM ont également trait à leurs répertoires d'action. Le programme « Musée au service du développement » lancé par l'École du Patrimoine africain en février 2007 en partenariat avec le ministère des Affaires étrangères français et le Musée du Quai Branly est un programme multilatéral et transversal, doté de 3 millions d'euros pour quatre ans[2]. Ce programme s'inscrit dans la lignée thématique directe du programme PREMA I de l'ICCROM axé sur la prévention dans les musées africains et du programme PREMA II de l'EPA intitulé « Programme d'éducation par les musées africains », spécialisé, quant à lui, dans l'étude de la relation entre les musées et leurs publics pour résoudre le problème de la faible fréquentation des musées africains. Il a ensuite été poursuivi par le programme « Africa 2009 », qui a contribué à la formation de

[1] Malick N'Diaye, *op. cit.*, p. 145.
[2] Les musées au service du développement : nouveau programme de coopération. *Africultures*, 2007, vol. 70, n° 1, pp. 130-131.

159 professionnels de 42 pays d'Afrique de l'Ouest à la conservation et à la gestion du patrimoine culturel immobilier par le biais de huit cours régionaux, ainsi qu'à l'inventaire, la documentation, et la conservation préventive lors de quatre cours techniques. Comme cet ensemble de programmes, le Programme « Musées au service du développement » permet à l'ICCROM de pérenniser son entreprise de création d'un réseau de socialisation des conservateurs et restaurateurs ouest-africains en plaçant à la tête des Banques Culturelles les anciens élèves de l'EPA tout en diffusant sa norme de conservation préventive.

Néanmoins, le programme MSD se démarque puisqu'il induit une innovation fondamentale, celle de l'intégration de l'enjeu du développement dans son programme de conservation patrimonial, son objectif étant de « renforcer le rôle de la culture dans le développement économique et humain de l'Afrique subsaharienne. En s'appuyant prioritairement sur une expertise et des partenariats africains, il s'inscrit dans une perspective de développement durable et vise, à terme, à favoriser l'élaboration de politiques nationales en faveur du patrimoine[1]. »

Nous pouvons ainsi relever un entrecroisement entre les logiques de la Banque Mondiale et de l'ICCROM par leur reconnaissance commune de la Banque Culturelle puisque la première intègre la question de la culture comme gage de prise en compte du local dans une perspective *bottom-up* quand l'autre intègre le développement comme gage de prise en compte de l'aspect durable de ses politiques muséales selon la même perspective *bottom-up*. Pour relancer la fréquentation des musées africains en Afrique de l'Ouest, ce programme entend développer les relations entre écoles et musées, renforcer l'offre scientifique des musées, renouveler les modes de financement des institutions muséales et renforcer les capacités des professionnels du patrimoine africain. Le programme s'articule autour de quatre composantes principales. La composante 1 « Développer et

[1] Edouard Koutinhouin. « Les Musées au service du développement », in Anne-Marie Bouttiaux, *op. cit*, p. 43.

valoriser l'offre éducative des musées publics et privés » s'inscrit dans la continuité du programme PREMA II. La composante 2 « Développer et valoriser l'offre culturelle et scientifique des musées publics et privés » vise à relancer la fréquentation des musées par les publics « inhabituels », la composante 3 « Renouveler le mode de gestion des musées » prévoit un développement de l'autonomisation financière des musées par le micro-développement notamment et la composante 4 concerne le « Management de projet » par le renforcement des capacités humaines et matérielles des professionnels du domaine muséal. La diffusion du modèle de la Banque Culturelle s'inscrit dans la quatrième composante du programme et stabilise deux pans d'actions. Le premier volet prévoit l'organisation d'un séminaire de sensibilisation et d'information pour la promotion de ces formes muséales et le deuxième volet envisage une diversification et une amélioration de la production artisanale dans les centres artisanaux et les boutiques des Banques Culturelles[1].

La création d'un réseau des Banques Culturelles autour de l'École du Patrimoine africain

Lors de la conférence de Sévaré au Mali, organisée pour lancer l'appel à projets pour la création de deux nouvelles Banques Culturelles, certains membres de l'ONG APBC sont présents pour superviser le projet, notamment Aldiouma Yattara, mais aussi deux membres de l'EPA, Édouard Koutinhouin et Diane Toffoun. Il est intéressant de remarquer que la majorité des candidats répondant à l'appel à projets lancé sont d'anciens élèves de l'École du Patrimoine africain, ce qui semble confirmer une diffusion réticulaire de celui-ci. Sur les douze participants, cinq sont déjà membres du réseau EPA : Zeinab Koumanthio de Guinée[2], Badoualou

---

[1] Edouard Koutinhouin, « Les Musées au service du développement », in Anne-Marie Bouttiaux, *op. cit.*, p. 45.
[2] Directrice du musée de Foutah en Guinée, ressource électronique : http://guineenews.org/2013/09/zeinab-koumathio-diallo-ecrivaine-a-guineenews/ (dernière consultation le 20 avril 2014).

Alizim du Togo, Noël Agossou[1] du Bénin, Raymond Asombang[2] du Cameroun et Alassane Zoumarou du Bénin. Les candidats sélectionnés, Badoualou Karka Alizim et Alassane Zoumarou, ont tous les deux été formés à l'École du Patrimoine Africain, le premier a été l'élève de Gaël de Guichen et a reçu une formation en « conservation préventive », le second a été l'élève d'Alain Godonou, et a été formé à la « conservation préventive » et à la « médiation culturelle[3] ». De cette manière, la majorité des membres du réseau des Banques Culturelles sont d'anciens élèves de l'EPA, qu'il s'agisse des coordinateurs des Banques Culturelles (Badoualou Karka Alizim, Alassane Zoumarou) des experts désignés par la Banque Mondiale (Aldiouma Yattara) ou des partenaires de l'UNESCO (Alain Godonou). Ils font partie du même réseau de socialisation entendu comme « processus par lequel les individus intègrent les normes, les codes de conduite, les valeurs, etc., de la société à laquelle ils appartiennent[4] ». Ils ont été formés aux mêmes techniques de conservation de l'ICCROM qu'il s'agisse de la documentation des collections, de la manipulation des objets en réserve, de la mesure de la température dans une salle de musée, du rayonnage d'archives ou de la sécurité dans les musées (voir sources primaires EPA). Ils ont, aussi et surtout, acquis une expertise dans les domaines de la « conservation préventive » et de la « médiation culturelle » grâce à deux masters formant les « patrimoniteurs » à l'EPA avec soutien de l'UNESCO et en partenariat avec

[1] *Directeur du musée D'Adjarra au Bénin et e*xpert en Médiation culturelle et Promoteur du Musée d'Adjarra http://www.togoportail.net/Pour-une-valorisation-du (dernière consultation le 20 avril 2014).

[2] Ancien 1er Conseil Technique du Ministère de la Culture du Cameroun et membre du comité de coordination du 6e Cours Régional Africa 2009 sous l'égide de l'EPA, ressource électronique : www.africa2009.net/common/reports/bc04.pdf *(dernière consultation le 20 avril 2014).*

[3] Badoualou Alizim et Alassane Zoumarou, coordinateurs des Banques Culturelles de Koutammakou et Tanéka, entretiens, 10 janvier/ 14 janvier 2014, Koutammakou/ Tanéka.

[4] Claude Dubar, *La socialisation. Construction des identités sociales et professionnelles*, Paris, Armand Colin, 1997, cité par DORTIER, Jean-François, *Le dictionnaire des sciences humaines*, Auxerre, Éditions Sciences humaines, 2004, p. 781.

l'Université Paris 1 et l'Université de Provence[1]. Selon Sandrine Kott :

> Les organisations internationales (…) sont constituées en terrains d'enquête et saisies comme des espaces sociaux ouverts, à partir desquels il est possible d'étudier diverses dynamiques d'internationalisation. Elles sont donc étudiées comme des lieux d'échanges et de circulations, à l'intersection et en interaction avec des réseaux internationaux, mais aussi des groupes et des milieux spécifiques au sein des différentes sociétés nationales et/ou locales[2].

Partant de la notion de « nébuleuse » pour qualifier les configurations formées par les organisations internationales et les réseaux avec lesquels celles-ci interagissent, Sandrine Kott énumère les différents types de réseaux en fonction de leurs objectifs et de leurs structures. Elle distingue ainsi les réseaux constitués en parlement mondial autour d'une cause, en agence de consultants pour les États, en groupe d'intérêt, en « *advocacy network* » ou en communauté épistémique « fondée sur le partage d'un même savoir, celui-ci ouvrant alors la voie à l'élaboration d'une normativité internationale dans des domaines précis[3] ». À la lumière de cet éclairage théorique, nous pourrions dire que le réseau de l'EPA comporte une caractéristique particulière : celle son intégration autour de l'enseignement dispensé par l'EPA concernant la « conservation préventive » qui en fait véritablement une « communauté épistémique » au sens de Peter Haas. Cette communauté épistémique comporte : « 1) une série de croyances normatives partagées, entraînant la même logique d'action basée sur des valeurs communes à chacun des membres du réseau[4] », autrement dit la croyance en la notion de conservation préventive ; « 2) des croyances

[1] Voir le site de l'UNESCO, ressource électronique : http://whc.unesco.org/en/activities/735/ (dernière consultation le 25 avril 2014).

[2] Sandrine Kott, *op. cit.*, p. 11.

[3] *Ibid.*, pp. 12-13.

[4] Peter Haas. Introduction: Epistemic Communities and International Policy Coordination. *International Organization*, vol. 49, n° 1, p. 1-35, in Patrick Hassenteufel, *op. cit.*, p. 139.

causales partagées, découlant de leur analyse des pratiques au centre des problèmes de leur domaine d'activité et qui forment la base pour l'élucidation de liens multiples entre leurs actions et leurs buts poursuivis[1] », c'est-à-dire la croyance en les bienfaits d'une intervention indirecte sur les biens culturels pour éviter leur détérioration et le refus du recours à l'intervention directe désignée sous le terme de « conservation curative » ; « 3) des notions validantes partagées – c'est-à-dire des critères définis entre eux pour évaluer et soupeser le savoir expert dans leur domaine[2] », dans le cas qui nous intéresse, il s'agit de la formation à l'EPA ; « 4) un mode opératoire commun, c'est-à-dire des pratiques communes[3] ».

Au sein de ce réseau, la conservation préventive devient une « convention » au sens d'Howard Becker puisqu'elle sert de base à l'action collective et rend possible la coopération[4]. L'originalité de ce type de réseau par rapport aux autres tient, selon Patrick Hassenteufel, à son niveau d'interdépendance :

> Dans ce cas, les acteurs parlent le même langage, se comprennent mutuellement et connaissent la logique d'action de chacun parce qu'ils partagent *un même système de représentation*. La stabilité de l'interaction est mieux assurée et les stratégies coopératives dominent, ce qui permet un jeu positif à somme nulle. L'intensité de l'interaction favorise une socialisation partagée qui renforce la communauté de valeurs[5].

Ainsi, partant d'un système de représentation commun, l'intégration au sein du réseau de l'EPA s'autoalimente-t-elle au fil des interactions entre les acteurs et notamment par les conférences réunissant tous les membres du réseau autour du thème des Banques Culturelles : lors de la conférence de

---

1 Peter Haas, in *op. cit.*

2 *Ibid.*

3 Peter Haas, Introduction: Epistemic Communities and International Policy Coordination. *International Organization*, vol. 49, n° 1, p. 1-35, in Patrick Hassenteufel, *op. cit.*, p. 139.

4 Howard Becker, Les mondes de l'art, *op.cit.*, p. 64-88, cité par Marieke Louis, *op. cit.*, p. 22.

5 Patrick Hassenteufel, *op. cit.*

Sévaré en 2007 puis lors de la Conférence de Porto-Novo en 2013. La socialisation au sein de l'EPA comme dans n'importe quel réseau est à la fois un facteur d'intégration pour ses anciens élèves dans le réseau des Banques Culturelles, mais aussi une barrière à l'entrée pour ceux qui n'ont pas bénéficié de la formation à l'EPA.

Il est intéressant de remarquer que les deux organisations internationales que nous avons étudiées, la Banque Mondiale et l'École du Patrimoine africain, bien que ne bénéficiant pas de la même notoriété, ont recours au même procédé pour se réapproprier les modèles locaux de développement ou de conservation du patrimoine. Toutes deux fondent en effet des réseaux d'« interaction stabilisée[1] » caractérisés par l'interdépendance de leurs acteurs et de leurs ressources[2] ainsi que par une communauté d'intérêts[3]. Les deux réseaux « d'interaction stabilisée » sont : l'Association pour la Promotion des Banques Culturelles et le groupe des coordinateurs des Banques Culturelles. Ces deux réseaux sont composés d'*acteurs interdépendants* : les experts maliens sélectionnés par la Banque Mondiale pour APBC et les anciens élèves de l'EPA pour le réseau des coordinateurs des Banques Culturelles. L'interdépendance de ses acteurs est liée à celle de leur *ressource* : le Fonds de prévoyance du président de la Banque Mondiale dans le premier cas et le Fonds de solidarité prioritaire du ministère des Affaires étrangères français dans le deuxième. Les deux réseaux sont également constitués autour d'un *intérêt commun* : celui de la diffusion du modèle des Banques Culturelles et celui de la diffusion des normes de leurs organisations internationales partenaires.

[1] Frans Van Waarden. Dimensions and types of policy networks, *European Journal of Political Research,* 1992, vol. 21, n° 1-2, pp. 29-52, cité par Patrick Hassenteufel, *op. cit.*, p. 138.

[2] David Marsch et Rod Rhodes. "Les réseaux d'action publique en Grande-Bretagne", in Patrick Le Ghalès, Tatcher, Mark (dir.), *Les réseaux de politique publique. Débat autour des* policy networks, Paris, l'Harmattan, 1995, cité in *ibid.*

[3] Grant Jordan, "Sub-Governements, Policy Communities and networks: refilling the Old Bottles", *Journal of Theoretical Politics*, 1990, vol. 2, n° 3, pp. 319-338, cité in *ibid.*

Nous pouvons en conclure qu'en choisissant l'« approche projet », les organisations internationales utilisent finalement le même répertoire d'action que les ONG : celui du réseau transnational fondé non pas sur un espace commun, mais autour d'une notion conceptuelle. Ce répertoire d'action leur permet de parvenir à leurs objectifs : la démonstration d'un changement de paradigme de développement pour la Banque Mondiale par la mise en œuvre d'un « développement participatif » et centré sur les femmes, et la démonstration d'un changement de paradigme de la conservation du patrimoine pour l'ICCROM par la mise en œuvre du principe de « conservation préventive ». Nous pouvons donc conclure, en comparant la réappropriation du modèle de la Banque Culturelle par ces deux organisations internationales, que la démarche de celles-ci est double. La Banque Mondiale et l'ICCROM s'apparentent à des organisations « consommatrices de normes » puisqu'elles alimentent leurs programmes avec des projets locaux qu'elles ont labellisés. Les deux organisations apparaissent également comme des « diffuseuses de normes » puisque, par le biais de leur socialisation, celles-ci diffusent les projets labellisés après les avoir chargés d'un sens nouveau, celui de leurs propres normes.

Conclusion

À ce point de notre étude, nous avons analysé la diffusion du modèle de la Banque Culturelle sur la scène internationale ainsi que la concordance de cette diffusion avec le changement paradigmatique au sein de la Banque Mondiale et de l'ICCROM. Ce dernier se manifeste par l'adoption du paradigme « Lutte contre la pauvreté » dans la première organisation et de celui de la « Conservation préventive » dans la seconde, qui sont complétés par deux *programmes*. Le premier programme consiste en la constitution d'une « Banque de savoir » à la Banque Mondiale et le second envisage la formation d'un réseau de conservateurs africains à l'EPA. Ces deux programmes donnent naissance à deux *arènes de sélection* des Banques

Culturelles : le forum du « Development Marketplace » et l'appel à projets « Musées au Service du Développement ». La reconnaissance des Banques par ces deux organisations amène finalement à un entremêlement de leurs mandats respectifs : la Banque Mondiale, spécialisée dans le développement, intègre le paramètre de la protection du patrimoine et l'ICCROM, spécialisée dans la conservation des biens culturels, prend en compte le développement. Cet élargissement de leur mandat permet à chacune de gagner en légitimité : un programme de la Banque Mondiale paraît accorder une plus grande place au « local » lorsqu'il intègre la protection du patrimoine culturel, à l'inverse un programme de l'ICCROM, prenant en compte l'aspect développement, semble plus « durable ». Les avantages mutuels que ces deux organisations retirent de l'intégration de nouveaux enjeux nous font percevoir de manière plus précise l'intérêt d'intégrer la culture à l'agenda des Objectifs du Développement durable en termes de prise en compte du « local » et du « durable ».

TROISIÈME PARTIE

LES TENSIONS AU SEIN DU MODÈLE DE LA BANQUE CULTURELLE ENTRE LES PÔLES « PATRIMOINE CULTUREL » ET « DÉVELOPPEMENT »

Après avoir analysé la « fenêtre d'opportunité[1] » ouverte dans les années 1990 à la reconnaissance du système des Banques Culturelles par l'élargissement de l'agenda du développement et de celui de la conservation du patrimoine culturel, nous analyserons de manière plus précise l'articulation de ces deux logiques au sein de la Banque Culturelle. Nous dépasserons ici le présupposé selon lequel la conservation du patrimoine s'oppose au développement et inversement, du fait d'un affrontement supposé entre deux logiques qui leur seraient propres, régressive pour l'une et évolutionniste pour l'autre. Il ne s'agira pas d'entamer un débat sur le caractère « développementaliste » ou « décroissantiste » du modèle des Banques Culturelles, mais « d'éviter les prénotions[2] », selon la méthode de Gilbert Rist, en partant d'une définition ontologique des notions de « développement » et de « patrimoine culturel » pour aborder de manière plus objective et constructive la complexité de l'articulation entre celles-ci.

Le système des Banques Culturelles, qui articule en son sein la logique patrimoniale par son musée, la logique économique par sa caisse de microcrédit et la logique éducative par son centre de formation, sera envisagé à l'aune de deux notions clefs : celle de « participation » et celle de « responsabilité » (Annexe 1). Pour procéder à la

---

[1] Traduction de l'expression « policy window » de Kingdon, *Agendas, alternatives and public policies*, Boston, Little Brown and Compagny, 2003 (1984) par Patrick Hassenteufel, *ibid.*, p. 60.

[2] Gilbert Rist, *Le Développement : histoire d'une croyance occidentale*, Paris, Presses de Sciences Po, 2007, p. 29.

comparaison des différents types de Banques Culturelles[1], nous sommes partis du principe selon lequel ce modèle fonctionnait comme un *système* dont les parties étaient interdépendantes et qu'une action exercée sur une des parties aurait des répercussions sur les autres. Nous en avons déduit deux postulats. D'une part, la *participation* des habitants au « processus de patrimonialisation[2] » détermine leur participation au développement local. Si les habitants décident de déposer leurs objets au musée, ils reçoivent alors des microcrédits de la part de la caisse communautaire et une formation de la part du centre de formation pour entreprendre des « activités génératrices de revenus ». Ce premier postulat nous permettra de comprendre la différence de fonctionnement entre les Banques Culturelles de Koutammakou et de Tanéka (Chap. 1). D'autre part, la *responsabilisation* de la communauté par le centre de formation qui organise des activités collectives de sensibilisation et de dialogue en temps de paix conditionne la capacité de cette même communauté à s'ériger en bloc pour lutter contre la destruction de son patrimoine en temps de conflit. Ce second postulat nous permettra de comprendre la participation des Banques Culturelles de Fombori et de Dimbal à la protection du patrimoine culturel malien (Chap. 2). Au terme de cette tentative d'objectivation des raisons de la réussite ou de l'échec des Banques Culturelles à assurer leurs fonctions, nous tenterons de comprendre le jeu d'échelle entre *local* et *global* impliqué par l'association des concepts de *développement* et de *patrimoine culturel* pour conclure que le grand absent du système des Banques Culturelles demeure l'État (Chap. 3).

[1] Nous n'avons pu comparer que trois Banques Culturelles sur les six existantes par manque d'informations suite au conflit malien.

[2] Selon Michel Vernières, il s'agit du « passage d'un patrimoine en puissance à un patrimoine reconnu », in *Patrimoine et Développement*, Paris, Gemdev-Karthala, 2009, p. 11.

CHAPITRE 1

LA CREATION D'UNE BANQUE CULTURELLE D'URGENCE APRES LA CLASSIFICATION DU SITE DE KOUTAMMAKOU

Notre première étude de cas a été réalisée grâce à une enquête de terrain sur les sites des Banques Culturelles de Koutammakou au Togo et de Tanéka au Bénin. Ce voyage nous a permis, dans la perspective de la « théorie ancrée[1] » et de l'« observation participante[2] », d'invalider nos hypothèses de départ et de comprendre avec plus de nuance sous quelles conditions la conservation du patrimoine culturel était susceptible de devenir le moteur d'une nouvelle forme de développement, compris comme l'amélioration des conditions de vie des populations. L'hypothèse de départ qui précédait notre étude de terrain au Togo et au Bénin était la suivante : puisque la Banque Culturelle de Koutammakou est située sur un site classé par l'UNESCO alors que celle de Tanéka est située sur un site non classé, le fonctionnement et le rayonnement de la Banque Culturelle de Koutammakou doivent être supérieurs à celui de la Banque Culturelle de Tanéka. La visite des deux Banques Culturelles ainsi que les nombreux entretiens que nous avons réalisés sur place ont « falsifié[3] » cette hypothèse en démontrant qu'un processus de patrimonialisation mené de l'extérieur et qui ne fait pas l'objet d'une appropriation locale était susceptible de nuire à toute logique de développement. Ils nous ont également permis de saisir le point de tension majeur dans le modèle de la Banque Culturelle à savoir la conception du bien culturel comme « garantie » d'un prêt.

---

[1] Barney Glaser, Anselm Leonard Strauss, *op. cit.*

[2] Luc Van Campenhoudt, *op. cit.*

[3] Terme emprunté à Karl Popper dans *La Connaissance objective*, Paris, Flammarion, 2009, 576 p.

1. Les Banques Culturelles de Koutammakou et de Tanéka ou l'influence du processus de patrimonialisation sur le processus de développement

La création d'une Banque Culturelle de Koutammakou comme réaction au classement du site

Intuitivement, il serait possible de supposer que le modèle de la Banque Culturelle a été implanté par l'École du Patrimoine africain et le ministère des Affaires étrangères sur le site de Koutammakou pour bénéficier de la visibilité du site en terme touristique. Or, lorsque M. Badoualou Karka Alizim présente son projet de Banque Culturelle à Koutammakou lors du séminaire de l'EPA en 2007, celui-ci souhaite bien créer un musée communautaire pour profiter de l'afflux des touristes sur un site récemment classé par l'UNESCO, mais aussi et surtout protéger un patrimoine directement menacé par la valorisation induite par le classement mondial[1]. Le site de Koutammakou, classé comme « paysage culturel vivant »[2] par l'UNESCO en 2004, répond aux critères cinq et six de la Convention du Patrimoine mondial en tant qu'« exemple éminent d'établissement humain traditionnel, de l'utilisation traditionnelle du territoire ou de la mer, qui soit représentatif de cultures ou de l'interaction humaine avec l'environnement, spécialement quand celui-ci est devenu vulnérable sous l'impact d'une mutation irréversible (critère 5)[3] ». Il répond

[1] Badoualou Karka Alizim, Coordinateur de la Banque Culturelle et Gestionnaire du site de Koutammakou, entretien, 10 janvier 2014, Koutammakou, Canton de Nadoba, Conservatoire du site Koutammakou.

[2] Il existe trois sortes de paysages culturels reconnus par l'UNESCO : le paysage crée intentionnellement par l'homme, le paysage évolutif qui se subdivise en deux catégories ; le paysage relique et le paysage vivant et enfin le paysage culturel associatif. Le paysage culturel vivant est défini par la convention du patrimoine mondial comme « un paysage qui conserve un rôle social actif dans la société contemporaine, étroitement associé au mode de vie traditionnel et dans lequel le processus évolutif continue. En même temps, il montre des preuves manifestes de son évolution au cours du temps ». In Dominique Audrerie, Raphael Souchier, Luc Vilar. *Le Patrimoine mondial*, Que sais-je, Paris, Presses universitaires de France, 1998, pp. 44-46.

[3] Voir « Tableau 2 : Les 10 critères de sélection pour la liste du Patrimoine mondial de l'Unesco (adoption révisée des orientations, en application depuis 2005) et leur commentaire » in Françoise Benhamou. L'inscription au Patrimoine mondial de

également aux critères car il est « directement ou matériellement associé à des événements ou des traditions vivantes, des idées, des croyances ou des œuvres artistiques et littéraires ayant une signification universelle exceptionnelle » (Annexe 9)[1]. En effet, selon la « Déclaration de la valeur universelle du paysage culturel de Koutammakou » :

> le Koutammakou est un exemple exceptionnel de système de peuplement traditionnel qui est toujours vivant et dynamique, soumis à des systèmes et des pratiques traditionnelles et durables ; et qui reflète la culture singulière des Batammariba, notamment les maisons à tourelle 'Takienta' » (critère 5), « le Koutammakou est un témoignage éloquent de la force de l'association spirituelle entre les peuples et le paysage, tel qu'il se manifeste dans l'harmonie entre les Batammariba et les ressources naturelles environnantes (critère 6)[2].

Les habitats batammari, appelés « takienta » ou « tatas », permettent d'établir un lien direct entre les patrimoines matériel et immatériel des Batammariba (littéralement « ceux qui façonnent la terre ») puisque la construction de la *takienta* est imprégnée de symbolisme (Annexe 10). L'habitat s'articule autour de deux dualités : la séparation de l'axe Est-Ouest complétée par celle entre l'étage et le rez-de-chaussée. L'axe Est-Ouest qui traverse l'habitation symbolise la dualité entre homme et femme, la moitié Sud qui appartient à l'homme est considérée comme sacrée et la moitié Nord, profane, est celle de la femme. Cette dualité concerne non seulement la division des espaces mais également des réserves. Ainsi le grenier sud est rempli de graines à connotations masculines (fonio, millet, sorgho, riz) et le grenier nord abrite des graines à connotation féminine (haricots, pois de terre, fruits, arachides). La porte d'entrée

---

l'Humanité : La force d'un langage à l'appui d'une promesse de développement. *Revue Tiers Monde*, 2010, vol. 202, n° 2, p. 120.

[1] ICOM/ UNESCO. Décision du Comité, 28 COM 14B.21, Propositions d'inscription de biens culturels sur la Liste du Patrimoine mondial (Koutammakou, le pays des Batammariba), ressource électronique : http://whc.unesco.org/fr/decisions/104 (dernière consultation le 10 mai 2014)

[2] *Ibid.*

du *tata* est orientée vers l'ouest, vers le village paradis de Kuye. La division entre le rez-de-chaussée et l'étage symbolise la distinction entre le monde des morts et celui des vivants à inverser ? Les vivants au rez-de-chaussée ou non ? qui cohabitent au sein de l'habitation considérée de ce fait comme un lieu de culte. La division entre les sexes n'est pas seulement consacrée par l'édifice, mais également par le processus de construction. Ainsi les hommes sont chargés du gros œuvre et les femmes du pourvoi de l'eau et des finitions (crépissage des murs, damage du sol et décoration)[1].

Dans ce contexte, l'artisan de la classification du site, Mr Nayondjoua Djanguénane, Chef de la Direction du Patrimoine au Togo au moment de la construction de la Banque Culturelle, envisageait cette dernière comme un moyen de compléter l'œuvre de la classification des *takientas* et des rituels par l'UNESCO en œuvrant pour la conservation des biens culturels matériels dans leur contexte habituel, la *takienta*, pour les protéger du pillage[2]. Pour pérenniser ce lien entre la classification du site et la Banque Culturelle, le gestionnaire du site de Koutammakou, Mr Badoualou Alizim Karka a été désigné comme le coordinateur de la Banque Culturelle. Malgré les efforts entrepris par les deux hommes, la Banque Culturelle a été rapidement confrontée à de multiples difficultés.

Une différenciation contre-intuitive des Banques Culturelles de Koutammakou et de Tanéka

Selon le « Plan de conservation et de gestion du Koutammakou 2002-2012[3] », toute nouvelle construction sur le site de Koutammakou doit, dans la mesure du

---

[1] Komi N'kégbé Fôga, Gestionnaire du Patrimoine culturel, « Le Koutammakou ou le pacte entre le Batammariba et la nature », ICOMOS, ressource numérique, http://www.international.icomos.org/quebec2008/cd/toindex/78_pdf/78-vMTW-72.pdf (dernière consultation le 6 mai 2014)

[2] Nayondjoua Djanguénane, Directeur de la direction nationale de l'OIF, entretien, 20 janvier 2014, siège de la direction nationale de l'OIF, Lomé.

[3] Ministère de la Culture et Direction du patrimoine mondial, Koutammakou, le pays des Batammariba, Plan de conservation et de gestion 2002-2012, WAMP-CRAterre, décembre 2002.

possible, prendre la forme d'une *takienta*, sous peine de déclassement du site[1]. La Banque Culturelle, dont l'implantation est décidée trois ans après la classification du site, se conforme à cette règle. Les bâtiments du musée de la Banque Culturelle, trois véritables *takientas* construites selon l'usage local et bénies par les sages du village, permettent d'illustrer le lien intrinsèque entre patrimoine matériel et immatériel en tenant lieu de salle d'exposition des biens culturels, ainsi que d'incarnation du lien entre patrimoine culturel et naturel, en s'inscrivant parfaitement dans l'environnement. Néanmoins, elles ne permettent ni la conservation optimale des biens culturels, victimes de l'humidité et des termites, ni une véritable valorisation aux yeux des locaux et des touristes[2]. Les guides touristiques situés à l'entrée du site, souvent des habitants de Koutammakou n'ayant pas reçu de formation particulière, se contentent la plupart du temps de proposer aux touristes le « circuit court », autrement dit la visite de la « tata UNESCO » construite pour l'inauguration du site en 2004 par Koichiro Matsuura, le directeur général de l'UNESCO. Lorsqu'ils proposent le « circuit long », comprenant la visite de trois *takientas* différentes habitées par des familles, le touriste fait véritablement intrusion dans l'espace privé de ces personnes, moyennant à chaque fois un bakchich plus ou moins élevé. Dans les deux cas, la Banque Culturelle de Koutammakou, n'est, selon les dires des guides eux-mêmes[3],

---

[1] « Un bien inscrit sur la Liste du Patrimoine mondial peut en être exclu dès lors qu'il ne remplit plus les critères qui ont conduit à son inscription (…) Le Comité du Patrimoine mondial retenu deux cas d'exclusion de biens de la Liste du Patrimoine mondial : un bien s'est détérioré jusqu'à perdre les caractéristiques qui avaient déterminé son inscription sur la Liste du Patrimoine mondial ; les qualités intrinsèques d'un bien du Patrimoine mondial étaient déjà, au moment de sa proposition, menacées par l'action de l'homme ; les mesures correctives nécessaires indiquées par l'État partie n'ont pas été prises dans le laps de temps proposé. » In Dominique Audrerie, Raphael Souchier, et Luc Vilar, *Le Patrimoine mondial*, Que sais-je, Paris, Presses universitaires de France, 1998, p. 49.

[2] Le dilemme du choix des matériaux de construction est un élément central dans le bon fonctionnement d'une Banque Culturelle. Le problème a déjà été soulevé par la Banque Mondiale à Kola et Degnekoro. Voir Daouda Keita. Guide de la Banque Culturelle, *op. cit.*, p. 16.

[3] Guides du site de Koutammakou, entretiens de groupe, 12 janvier 2014, Koutammakou, entrée du site classé.

que rarement mentionnée ou alors comme un « musée communautaire », ce qui provoque une faible fréquentation des touristes et par là même un désintérêt de la population locale pour cette institution.

La Banque Culturelle de Tanéka, située à 50 km de celle de Koutammakou et localisée à la limite du pays des Batammariba a elle aussi bénéficié du programme « Musées au Service du Développement » de l'École du Patrimoine Africain et du ministère des Affaires étrangères. Elle présente néanmoins une configuration différente de celle de Koutammakou. Présentée par Mr Alassane Zoumarou, son coordinateur, lors du séminaire de 2007, la Banque Culturelle de Tanéka est constituée de trois cases construites en ciment dans lesquelles les biens culturels sont exposés de façon thématique (Annexe 11). La première case expose les attributs du pouvoir, la seconde les instruments de chasse et de pêche et la troisième les percussions traditionnelles[1]. Située au confluent de trois circuits touristiques intitulés « spiritualité et royauté », « évasion et résistance » et « musiques et danses traditionnelles », la Banque Culturelle attire chaque année un nombre croissant de touristes aux nationalités diverses[2] et constitue la maison-mère de nombreuses associations du pays Tanéka[3]. Elle permet à ces dernières de constituer leurs capitaux de base grâce au dépôt d'objets et aux microcrédits et assure un lien symbolique entre toutes les associations par son musée, puisque les associations viennent récupérer leurs objets pour remplir

[1] Alassane Zoumarou, coordinateur de la Banque Culturelle de Tanéka, entretien, 13 janvier 2014, Banque Culturelle de Tanéka, Copargo.

[2] Cahier de statistiques de fréquentation de l'exposition de la Banque Culturelle de Tanéka, manuscrit photocopié, 14 janvier 2014.

[3] Les dix associations présentes sur le site peuvent être regroupées en plusieurs thématiques : dans le domaine de la santé – l'Association médecin Tanéka qui œuvre pour la réhabilitation de la médecine traditionnelle à base de plantes – ; dans celui de la gestion des ressources – l'Association Abagaye–, dans celui de la musique – l'orchestre Badma d'Abintaga et l'Association Adji Adjeime qui tentent de réhabiliter les chants et les danses traditionnelles de la région –. De nombreuses associations œuvrent pour l'émancipation des femmes dans la région par le travail en coopérative, on peut citer notamment l'Association Gbamba qui regroupe des potières, l'Association Sourron Navra qui rassemble les transformatrices du beurre de Karité et l'Association Sourron Wê Déhou pour les agricultrices.

leurs missions. Les objets rituels de guérison sont utilisés par l'association de médecins, les instruments de musique servent aux groupes de danse et de musique et les visites touristiques menées par l'association des guides rattachée à la Banque Culturelle permettent aux visiteurs de découvrir ces associations en fonctions du parcours touristique choisi[1]. La Banque Culturelle, en ce qu'elle détient les biens culturels appartenant à des membres de différentes ethnies, qu'il s'agisse des Yoruba, Sola, Peuls, Bariba, Lakpa ou Maoussa, qui occupent des fonctions au sein des hiérarchies traditionnelles et administratives au sein du pays Tanéka – roi, sages, conseillers, représentants, maire – permet un dialogue entre toutes les couches de la population à chacune de ses assemblées générales[2].

Cette brève comparaison des Banques Culturelles de Koutammakou et de Tanéka portant sur les paramètres de l'exposition des biens culturels, de la fréquentation du musée par les touristes et les locaux et des activités génératrices de revenus engendrées permet de mettre à jour une corrélation entre ces trois éléments. D'une part, la mise en valeur des biens culturels tant sur le plan de l'agencement des objets dans la salle d'exposition que sur le plan de l'insertion de cette exposition dans un parcours touristique plus large, semble avoir une influence décisive sur le taux de fréquentation du musée par les touristes, mais aussi sur les locaux[3]. Dans la mesure où les biens culturels sont bien exposés et mis à l'abri, les locaux sont plus enclins à les déposer au musée et à venir les admirer régulièrement, voire à les réutiliser. De plus, si les touristes sont amenés, dans leurs parcours, à venir visiter le musée et à payer les frais d'entrée, le musée devient alors une source de revenus et donc de développement pour la communauté qui voit un intérêt majeur à y déposer ses objets. L'augmentation du dépôt des objets provoque celle du nombre de microcrédits. Ces derniers, conjugués aux enseignements dispensés par le

[1] Alassane Zoumarou, coordinateur de la Banque Culturelle de Tanéka, entretien, 13 janvier 2014, Banque Culturelle de Tanéka, Copargo.
[2] *Ibid.*
[3] Daouda Keita, *Le Guide de la Banque Culturelle*, *op. cit.*, p. 19.

centre de formation, permettent la multiplication des activités génératrices de revenus. D'autre part, les enseignements du centre de formation et le dépôt les biens culturels permettent de favoriser les initiatives de groupe. Les enseignements favorisent l'esprit d'initiative et les microcrédits les prêts collectifs. Les résultats du microcrédit se font plus rapidement sentir. Les villageois prennent conscience de l'intérêt à déposer leurs objets dans le musée de la Banque Culturelle et à renouveler l'opération. La diversification des collections du musée permet à son tour de valoriser le patrimoine local aux yeux des touristes et ainsi des locaux.

Le modèle de la Banque ne peut se comprendre que selon la logique d'un cercle vertueux entre conservation du patrimoine culturel et développement mais, pour ce faire, le système doit faire l'objet d'une *appropriation* dans son intégralité par la population locale[1]. De cette façon, si l'un des trois volets de la Banque Culturelle fonctionne mal ou ne fonctionne pas, l'intégralité du système en pâtit et le cercle devient vicieux (Annexe 1).

L'appropriation du processus de patrimonialisation comme condition de celle du mode de développement

Les trois paramètres que nous avons examinés dans les deux Banques Culturelles, à savoir l'exposition des biens culturels, la fréquentation des touristes et les activités génératrices de revenus semblent largement déterminés par la classification au « Patrimoine mondial de l'UNESCO ». D'une part, la conservation et la mise en valeur des objets permises au Bénin par l'utilisation de matériaux résistant aux fortes pluies et l'orientation Nord-Sud permettant un éclairage naturel toute la journée sont impossibles au Togo. L'obligation, propre aux sites classés, de devoir construire des bâtiments intégrés à l'environnement naturel et culturel, dans un espace orienté Est-Ouest rend nécessaire l'installation de circuits électriques. D'autre part, la gestion

[1] Daouda Keita, *Le Guide de la Banque Culturelle*, *op. cit.*, p. 6.

touristique du site de Tanéka est antérieure à celle de Koutammakou, provoquée pour sa part par l'inscription du site en 2004. La première est également le fruit de la commune de Tanéka lorsque la seconde est le résultat de l'action coordonnée de l'État togolais et de l'UNESCO. Ces différences semblent avoir des conséquences sur le mode de fonctionnement des Banques Culturelles. Les types d'objets déposés déterminent les types de prêts accordés par les deux Banques Culturelles. Or, les prêts sont individuels au Togo et collectifs au Bénin, ils orientent donc les activités des bénéficiaires. Alors qu'au Bénin, les microcrédits constituent le capital de départ ou de fonctionnement des associations de plus de cinq personnes, ils servent au recouvrement de dette ou à l'achat de matière première au Togo. Par ailleurs, les recettes du tourisme et les intérêts des microcrédits ont permis la construction d'un centre artisanal rattaché à la Banque Culturelle de Tanéka qui sert également de centre de formation[1]. À Koutammakou la Banque Culturelle ne peut plus ni accueillir d'objets par manque de place ni accorder de microcrédits à cause des défauts de remboursement des microcrédits, elle ne fonctionne plus que comme un musée communautaire.

Cette différence de fonctionnement entre les Banques Culturelles de Koutammakou et de Tanéka peut être interprétée à la lumière de la contribution de Michel Vernières dans l'ouvrage *Patrimoine et Développement.* Selon cet auteur, le patrimoine ne doit pas être envisagé comme un acquis, mais comme un « construit social », issu d'un processus de « patrimonialisation » permettant le passage du patrimoine du statut de « patrimoine en puissance » à celui de « patrimoine reconnu en tant que bien collectif, caractérisé à la fois par ses dimensions

---

[1] « L'implantation d'une Banque Culturelle doit être suivie de mesures d'accompagnement qui permettent aux communautés de pleinement jouer leur rôle dans cette institution. Parmi ces mesures, on peut citer la formation. Elle est la condition sine qua non de réussite de cette idée dans les localités, car *il est illusoire de vouloir implanter une Banque Culturelle sans apporter aux populations les connaissances requises pour la gérer* », in KEITA, Daouda. Guide de la Banque Culturelle, *op. cit.*, p. 20.

économiques, sociales, environnementales et culturelles[1]». Ces différentes dimensions lui confèrent à la fois sa valeur et sa capacité de transmission. Michel Vernières distingue deux sortes de patrimonialisations : la patrimonialisation venant de l'intérieur, d'une communauté, d'un clan, d'une famille, et celle venant de l'extérieur, notamment des organisations internationales telles que l'UNESCO ou la Banque Mondiale[2]. La perspective de Michel Vernières est didactique en ce qu'elle étudie la corrélation entre patrimoine culturel et développement à l'aune de l'appropriation du processus de patrimonialisation par les populations. Elle présente également l'avantage de reconnaître les acteurs de développement, les acteurs patrimoniaux et les acteurs locaux, comme déterminants de l'impact positif ou négatif de la patrimonialisation sur le développement local et inversement, du développement local sur la patrimonialisation. L'auteur commence par établir un lien entre les notions de patrimonialisation et de développement local : « Les logiques comportementales des acteurs, au moins potentiels, de la patrimonialisation sont diverses et ne sauraient être séparées des modèles de développement local auxquels ils se réfèrent [3] ». Puis il explique l'impact des politiques patrimoniales sur le développement local par le concept d'appropriation :

> Aussi, la mise en œuvre d'une politique patrimoniale ne va pas de soi. Il en est particulièrement ainsi quand, sous la pression de l'extérieur (UNESCO, BM, Coopération décentralisée...), une véritable appropriation locale du processus de patrimonialisation ne s'effectue pas en profondeur et en relation étroite avec les réalités du développement territorial[4].

---

[1] Michel Vernières. Patrimoine, patrimonialisation, développement local : un essai de synthèse interdisciplinaire In *Patrimoine et Développement*, Paris, GEMDEV/ Karthala, 2009, p. 11.

[2] Il énumère également une série de variables déterminant la patrimonialisation : les initiateurs, la logique des acteurs, leurs modèles, leurs imaginaires, leurs référents et anticipations, les conflits ou encore les formes d'appropriation locales. *Ibid.*

[3] Michel Vernières (dir.), *op. cit.*, p. 12.

[4] *Ibid.*

Il distingue ensuite de manière plus précise le processus de patrimonialisation mené de l'extérieur de celui mené de l'intérieur :

> Dans le cas d'un processus de patrimonialisation initié de l'extérieur du territoire, sa pérennité est d'autant plus fragile qu'il se traduit par une dépossession des populations résidentes, non seulement de sa conduite, mais aussi de l'essentiel de ses bénéfices économiques[1].

Il en conclut que quelle que soit l'origine du processus de patrimonialisation, celui-ci doit donner lieu à une appropriation par les populations locales pour pouvoir porter ses fruits.

> Certes la mise en route d'un processus de patrimonialisation peut être déclenchée par une intervention internationale ou nationale, qu'il s'agisse du classement du patrimoine mondial de l'UNESCO ou, plus modestement, de l'action d'une ONG extérieure. Mais il apparaît qu'est essentielle, pour la valorisation durable d'un patrimoine, son *appropriation* par les populations résidentes sur le territoire considéré[2].

Cette appropriation de l'entreprise patrimoniale par les populations, qui conditionne l'impact positif de la patrimonialisation sur le développement, dépend de la « place du patrimoine dans les processus de *socialisation*[3] », autrement dit de la fonction sociale attribuée au patrimoine dans la communauté (sacrée, identitaire, éducative). Comme nous l'avons vu, le fonctionnement de la Banque Culturelle est conditionné par l'appropriation du musée par les populations locales. Or, pour faire l'objet d'une appropriation, le musée de la Banque Culturelle ne doit non pas être uniquement orienté vers le tourisme, mais aussi vers la communauté locale car « la conséquence d'une trop grande polarisation de la valorisation du patrimoine grâce à l'apport du tourisme est qu'elle entraîne une dégradation de la situation des populations locales[4] ». Il s'agit bel et bien de

---

[1] Michel Vernières (dir.), *op. cit.*, p.12.
[2] *Ibid.*, p. 12-13.
[3] *Ibid.*, p. 11.
[4] *Ibid.*, p. 17.

« rapprocher le musée de son public potentiel », ce qui « requiert aussi de transformer l'image du musée souvent considéré comme une institution d'origine coloniale en une structure culturelle au service des communautés et prenant en compte leur propre rapport au patrimoine[1] ». Il s'agit également de prendre en compte le « régime d'historicité[2] » de ces communautés présidant à la patrimonialisation de leur héritage, qui révèle leurs propres rapports au temps et leur conscience d'elles-mêmes en tant que communautés[3]. La principale différence entre les deux Banques Culturelles semble bien résider dans la divergence des deux processus de patrimonialisation ayant précédé leur création. Dans le cas de Koutammakou, la patrimonialisation est le fait de la classification de l'UNESCO, et la Banque Culturelle, qui pourrait jouer un rôle moteur dans la réappropriation du patrimoine culturel par les populations, est entièrement tournée vers le tourisme et fonctionne uniquement comme le musée communautaire du site classé, autrement dit, comme la réserve de patrimoine matériel considéré comme support du patrimoine immatériel classé. Les rituels religieux, le mode de vie quotidienne et les pratiques guerrières sont effectivement incarnés par les objets rituels exposés dans la Banque Culturelle tels que le chapeau d'initiation des jeunes filles, les ustensiles de cuisine et les armes (Annexe 12). La démarche patrimoniale est inverse dans le cas de la Banque Culturelle de Tanéka puisque la Banque Culturelle est le fruit d'un processus de patrimonialisation local, bien qu'influencé par les pratiques de l'EPA et donc de l'ICCROM. La place du patrimoine culturel est traditionnellement la même dans les sociétés de Koutammakou et de Tanéka, et la dimension sacrée de ce dernier tend à disparaître dans les deux cas, menacée par la montée des fondamentalismes religieux évangélistes et

---

[1] Yves Robert, Musées en Afrique entre universalité et propositions In *Afrique : musées et patrimoines pour quels publics ?*, Paris, Karthala, 2007, p. 23.

[2] François Hartog. *Régimes d'historicité, Présentéisme et expérience du temps*, Paris, Seuil, 2003.

[3] Yves Robert, *ibid.*, p. 24.

islamistes qui rejettent la religion vaudou traditionnelle et ainsi ses supports patrimoniaux. Néanmoins, la fonction identitaire et éducative du patrimoine est rendue possible à Tanéka par du centre de formation.

Comme le dit Michel Vernières, la corrélation entre un processus de patrimonialisation extérieur et un processus de développement négatif n'est pas systématique, et elle peut être dé-systématisée si le processus de patrimonialisation, même effectué de l'extérieur, fait l'objet d'une appropriation de la part des acteurs locaux ainsi que d'un suivi sur le temps long[1]. Nous pouvons ainsi distinguer le cas de la Banque Culturelle de Dimbal et celle de Koutammakou, toutes deux situées sur des sites classés. Le site des falaises de Bandiagara, sur lequel est localisée la Banque Culturelle de Dimbal est un site mixte, comprenant à la fois des éléments de patrimoine naturel – falaises et les plateaux gréseux –, de patrimoine culturel matériel – habitations, greniers, autels, sanctuaires et *togunas – et de patrimoine culturel immatériel* – traditions sociales de fêtes rituelles et populaires et de cultes[2] –. Dans le cas de la Banque Culturelle de Dimbal comme dans celui de la Banque Culturelle de Koutammakou, le processus de patrimonialisation a été fait par la Direction nationale du Patrimoine des deux États puis par l'ICOMOS et l'UNESCO ; mais dans le cas de Dimbal, la Banque Culturelle est parvenue à s'imposer comme une structure de protection du patrimoine classé tout en instaurant une dynamique de développement local car l'ONG Dimbal.ch a mené un travail de compromis et de suivi avec les populations locales sur le long terme. Nous reviendrons sur ce point dans le chapitre suivant.

Au terme de cette partie, nous pouvons conclure que la conservation du patrimoine culturel ne peut être réussie qu'au terme d'un long processus d'appropriation par les populations, ce qui est également valable pour le développement. La Banque Culturelle, qui regroupe ces

---

[1] Daouda Keita. Le Guide de la Banque Culturelle, *op. cit.*, pp. 23-24.

[2] UNESCO. Falaises de Bandiagara, ressource électronique : http://whc.unesco.org/fr/list/516 (dernière consultation le 15 mai 2014).

deux thématiques doit faire l'objet d'une appropriation dans son intégralité : celle de son musée communautaire comme dépositaire des biens culturels, celle de sa caisse villageoise qui convertit la valeur historique de l'objet en microcrédit et de son centre de formation qui garantit la cohésion de l'ensemble.

2. L'opposition entre acteurs des Banques Culturelles et Planetfinance sur la notion de garantie

La notion de garantie, le point de tension entre acteurs de la protection du patrimoine culturel et acteurs du développement

L'apparente contradiction entre les logiques patrimoniale et développementaliste semble se dissoudre dans le système des Banques Culturelles puisque toutes deux sont soumises au même processus d'appropriation par les populations locales pour fonctionner sur le long terme. Les deux logiques sont d'ailleurs considérées comme interdépendantes au sein du système de la Banque Culturelle. L'entremêlement de ces deux logiques au sein du modèle se cristallise autour de la notion de *garantie*, qui suppose une équivalence entre l'objet culturel et le prêt. Nous avions vu dans la première partie que l'ajout du microcrédit au premier modèle de musée communautaire à Fombori avait permis d'inciter les villageois à déposer leurs objets et par là, de limiter les risques de pillage et de vente illicite de ces objets. Nous avions également vu que la garantie représentée par l'objet, pour le prêt accordé à son propriétaire, n'était pas gagée sur sa valeur marchande, mais sur sa valeur historique[1]. Néanmoins, il s'agit bel et bien de l'échange d'une somme d'argent contre un objet culturel qui pose la question de la compatibilité entre volet musée et volet microcrédit, conservation du patrimoine et développement. La confrontation entre l'aspect « banque » et l'aspect « culturel » n'est pas une simple opposition conceptuelle, mais un terrain d'affrontement réel entre les acteurs des Banques Culturelles, entre tenants de la logique patrimoniale et tenants de la logique économique. La Conférence de Porto-Novo, organisée par l'Ambassade de France au Bénin dans le cadre de son programme « Mali + : le patrimoine pour le développement[2] », qui s'est tenue à l'École du Patrimoine africain en mai 2013, avait pour but de « professionnaliser » le microcrédit dans les Banques Culturelles. Cette conférence a été le théâtre d'un affrontement entre les acteurs patrimoniaux – le ministère des Affaires étrangères – et les acteurs financiers – Planetfinance. Selon cette dernière institution, une garantie est « un élément qui réduit le risque de non-remboursement. En cas d'impayé, la garantie doit être mobilisée afin que l'institution de crédit puisse récupérer ses fonds[3] », alors que selon les acteurs des Banques Culturelles « la garantie est l'objet culturel qui ne peut être vendu[4]». Selon Planetfinance,

---

[1] « L'objectif principal de la Banque Culturelle est de proposer une solution alternative à la vente des objets culturels par la mise en place d'un mécanisme de mise en valeur des objets culturels traditionnels en faveur de toute la communauté : un prêt est octroyé à chaque villageois qui dépose un objet culturel au musée. L'importance de ce prêt n'est pas déterminée par la valeur esthétique de l'objet mais plutôt par sa valeur historique et culturelle. Il ne s'agit donc pas de vendre ou d'acheter les biens culturels mais d'assurer leur maintien dans leur contexte habituel au profit de toute la communauté. L'héritage culturel n'est ni à vendre ni à acheter. En somme, la Banque Culturelle ambitionne de lier culture et développement. » In Daouda Keita, *Le Guide de la Banque Culturelle*, *op. cit.*, p. 4.

[2] Ministère des Affaires étrangères français. Ateliers consacrés aux Banques Culturelles du Mali, du Togo et du Bénin, 28 et 29 mai 2013, ressource électronique : http://www.diplomatie.gouv.fr/fr/dossiers-pays/benin/la-france-et-le-benin/evenements-4289/article/atelier-consacre-aux-banques-106985?xtor=RSS-4. (dernière consultation le 9 mai 2014) en noir!

[3] Céline Tastet. Compte-rendu de l'atelier de réflexion sur les Banques Culturelles : opportunités d'un partenariat avec les institutions de microfinance, à l'attention du Service de Coopération et d'Action Culturelle de l'Ambassade de France au Togo, 28 et 29 mai2013, Porto Novo (Bénin), p. 5.

[4] Céline Tastet, *op. cit.*, p. 5.

la volonté des acteurs de la Banque Culturelle de faire reposer la garantie du microcrédit sur un bien culturel qui ne peut faire l'objet d'une saisie ou d'une vente supprime toute capacité de contrainte des Banques Culturelles sur leurs bénéficiaires, puisque cela rend caduque toute possibilité de s'assurer de l'attachement réel du bénéficiaire à son bien culturel et par là même de sa volonté de rembourser le crédit. Selon les coordinateurs des Banques Culturelles, les représentants de l'EPA et du MAE, toute saisie des objets par la Banque Culturelle en cas d'impayé reviendrait à renoncer au principe même de Banque culturelle comme structure de lutte contre le pillage des biens patrimoniaux et d'aide au développement local.

Plus loin, la question de la garantie pose la question du statut des Banques Culturelles dans le paysage des structures de microfinance en Afrique de l'Ouest. Ce paysage se compose d'États, de Systèmes Financiers Décentralisés (SFD), de Partenaires Techniques et Financiers (PTF), d'Instituts de microfinance (FMI) et de structures informelles ou illégales. Selon Éloïse Orange, la représentante de Planetfinance, la Banque Culturelle s'apparente à une structure informelle, sans véritable statut, directement menacée de fermeture sous deux ans par la nouvelle législation d'harmonisation du droit des affaires en Afrique de l'Ouest décidée par l'Union économique et monétaire ouest-africaine[1], à moins qu'elle ne se constitue en société juridique[2]. Selon cette intervenante, la structure la plus adaptée aux Banques Culturelles est celle des Systèmes Financiers Décentralisés dans la mesure où ceux-ci peuvent servir des objectifs non financiers à visée sociale. Cette conversion pourrait ainsi permettre d'institutionnaliser les Banques Culturelles et rendre possible leur reconnaissance à

---

[1] Il s'agit ici de la loi « Parmec », adoptée en 1993 par l'UEMOA puis abrogée et substituée par une nouvelle loi votée par le Conseil des ministres de l'UEMOA, ressource électronique
https://www.lamicrofinance.org/resource_centers/reglementation2009/reglementation_francophone (dernière consultation le 26 mars 2014).

[2] Société juridique : société à responsabilité limitée, mutuelle et coopérative d'épargne de crédit, association ou encore ONG à volet microfinance, in Céline Tastet, *op. cit.*, p 4.

l'international en encadrant l'activité et les employés de la microfinance, en formant les bénéficiaires à la réception d'un microcrédit et en diversifiant les produits financiers à destination des bénéficiaires[1]. Cette proposition, consensuellement refusée par les acteurs de la Banque Culturelle soucieux de préserver le caractère non financier des Banques Culturelles, est toujours en discussion à l'heure actuelle.

La relecture du modèle de la Banque Culturelle à l'aune des théories de Marcel Mauss et Karl Polanyi

Le but affiché des acteurs patrimoniaux s'inscrit ici directement dans une logique de décommercialisaton ou mise hors du circuit commercial des biens culturels au sens de Karl Polanyi, autrement dit de retrait des biens culturels de la sphère marchande. Selon cet auteur, l'économie politique se caractérise par un « double mouvement » perpétuel de « commodification »marchandisation et de « décommodification » démarchandisation, d'intégration et de désintégration de la sphère sociale à la sphère économique. Avec l'arrivée du capitalisme, une vague de marchandisation a été entamée, faisant des éléments clefs de l'intégration sociale – que sont la monnaie, la terre et le travail – des marchandises fictives, subordonnées aux lois de l'offre et de la demande[2]. Pour les acteurs des Banques Culturelles, les biens culturels sont considérés comme les fondements de l'intégration sociale et doivent être soustraits de la sphère du marché de l'Art. Cette soustraction n'est possible que grâce à une *compensation* monétaire accordée aux propriétaires de ces objets pour leur faire recouvrer leur liberté de choisir la destination de leurs biens[3]. Si la Banque Culturelle s'était résumée à l'aspect muséal ou à l'aspect microcrédit, l'échange aurait été inégal entre les instigateurs de la Banque Culturelle et les villageois puisque dans un cas,

[1] Céline Tastet, *op. cit.*, p. 5.
[2] Karl Polanyi. *La Grande transformation : aux origines politiques et économiques de notre temps*, Paris, Gallimard, 2009.
[3] Dans le sens des « capabilités » d'Amartya Sen.

les propriétaires des objets auraient sacrifié une partie du revenu potentiellement issue de la vente de leur objet culturel en faisant un don bénévole au musée villageois. Dans l'autre cas, les récipiendaires du microcrédit auraient été susceptibles d'entrer dans un cycle d'endettement vis-à-vis des fournisseurs de leur capital de départ. L'originalité de faire correspondre à un dépôt d'objet culturel la réception d'un prêt au sein de la Banque Culturelle permet de rétablir une égalité et une symétrie dans les termes de l'échange entre donateur et donataire « pris dans un enchâssement de liens d'obligations mutuelles[1] » pour reprendre les termes de la théorie du don de Marcel Mauss. Le représentant du musée doit garantir la conservation de l'objet dans les meilleures conditions possible de même que le propriétaire de l'objet doit garantir le bénéfice de son activité génératrice de revenus pour l'ensemble de la communauté. Ainsi chaque partie de l'échange est-elle soumise à « la triple obligation de donner, de recevoir et de rendre[2] » : le *don* de l'objet (ou du microcrédit), la *réception* du microcrédit (ou de l'objet) et le *rendu* du microcrédit (ou de l'objet). Ce cycle d'échange peut se perpétuer à l'infini si les villageois renouvellent le dépôt de leurs objets et reçoivent ainsi des prêts de plus en plus importants.

Aussi l'incompréhension entre ces acteurs lors de la Conférence de Porto-Novo se situe-t-elle moins sur la notion de *garantie* que sur le *degré d'obligation* qu'elle implique. Or ce degré d'obligation dépend de l'intégration sociale et ainsi de la forme de droit propre à la société, selon la théorie d'Émile Durkheim. Dans une société à « solidarité mécanique », l'obligation symbolique du don et du contre-don est suffisamment forte pour contraindre mutuellement les deux parties ; dans une société à « solidarité organique », l'obligation doit être juridique et supposer une sanction formelle[3]. L'obligation dépend également de la valeur de

---

[1] Marcel Mauss, « Essai sur le don. Forme et raison de l'échange dans les sociétés archaïques », in *Sociologie et anthropologie*, Paris, PUF, 1968 [1923-1924], chapitre 2.
[2] *Ibid.*, p.161.
[3] Émile Durkheim, *op. cit.*, pp. 28-34.

l'objet échangé. Or il s'agit, à la Banque Culturelle, d'objets rituels. Il est intéressant de remarquer que ces deux auteurs avaient déjà débattu de ces questions, puisque Marcel Mauss répond à la question de Durkheim sur l'origine religieuse de la valeur économique dans *Formes élémentaires de la vie religieuse* dans sa présentation du principe du don[1]. La Banque Culturelle semble ainsi correspondre aux deux éléments essentiels du potlatch « celui du prestige, de l'honneur, du 'mana' que confère la *richesse* et celui de *l'obligation absolue* de rendre ces dons sous peine de perdre ce 'mana', cette autorité, ce talisman et cette source de richesse qu'est l'autorité elle-même[2] ». Il s'agit ici de la préservation de la dignité du donateur et du donataire dans une relation d'échange et de la garantie que constitue la valeur sacrée des objets échangés[3]. La structure de la Banque Culturelle se distingue en cela d'une Banque de microcrédit dite « classique ». Le débat entre les deux types d'acteurs – ceux de la Banque Culturelle et ceux de Planetfinance – est en réalité indépassable, puisque chaque partie possède son propre « système de croyances ». Les acteurs patrimoniaux et financiers, censés coopérer au sein d'une réalisation commune se posent ainsi en « coalitions de cause » au sens de Paul Sabatier :

> Les coalitions sont structurées autour de système de croyances (*belief system*) entraînant la défense de causes (…), un système de croyances comprend trois niveaux articulés et hiérarchisés : un noyau dur (*deep core*) composé de croyances générales sur la nature humaine, la hiérarchie des valeurs fondamentales, les principes de base de répartition entre groupes et identités socioculturelles ; un

---

[1] « La notion de valeur fonctionne dans ces sociétés (…) la monnaie a encore son pouvoir magique et est encore liée au clan ou à l'individu ; les diverses activités économiques, par exemple le marché sont imprégnées de rites et de mythes ; elles gardent un caractère cérémoniel, obligatoire, efficace ; elles sont pleines de rites et de droit. À ce point de vue, nous répondons déjà à la question que posait Durkheim à propos de l'origine religieuse de la notion de valeur économique », in Marcel Mauss, *op. cit.*, p. 266.

[2] *Ibid.*, p. 155.

[3] Les théories de Marcel Mauss et Émile Durkheim sont ici utilisées comme des cadres conceptuels de la Banque Culturelle, mais nous n'en assumons pas la logique « évolutionniste », dans la mesure où l'échange symbolique est ici valorisé par rapport à une vision utilitariste de l'échange.

> noyau superficiel (*near core*) composé de croyances et de perceptions spécifiques (…) ; et des aspects secondaires (*secondary aspects*), renvoyant à des modes opératoires[1].

La Banque Culturelle, de par cette contradiction, se situe dans un débat plus large concernant tous les projets de développement intégrant une dimension culturelle et tous les projets de conservation du patrimoine souhaitant intégrer une dimension développementaliste. Cette contradiction entre les acteurs de la Banque Culturelle et les acteurs extérieurs au système nous amène à une redéfinition de la notion de « développement ». Dans la mesure où l'objet culturel est moins considéré comme la garantie du remboursement du prêt par un individu que comme l'obligation que celui-ci va ressentir vis-à-vis de la communauté, le modèle proposé par les Banques Culturelles pourrait être taxé d'« anti-développementaliste », de « décroissantiste » et de « communautariste ». Cela reviendrait alors à ne considérer le développement que sous l'angle de ses présupposés, sans chercher à le redéfinir de manière ontologique. Ainsi, si le développement constitue une amélioration des conditions de vie des populations, rien ne présuppose que cette amélioration réside dans une augmentation du revenu des individus au détriment des solidarités communautaires et dans un lien de dépendance éternelle envers les pays développés. Cette amélioration peut tout aussi bien être envisagée comme un retour à des formes d'échanges symboliques au sein des communautés permettant la mise en place d'activités génératrices de revenus bénéficiant à tous au niveau local et donc, dans une logique de décentralisation, au niveau national.

---

[1] Nous avons ici repris une notion de politique publique empruntée à Paul Sabatier et à Hank Jenkins-Smith pour l'appliquer à un modèle de développement dans une volonté de conceptualisation. Voir Paul Sabatier, Hank Jenkins-Smith. The advocacy coalition framework: an assessment in *Theories of the Policy process*, Boulder, Westview press, 1999 cité in Patrick Hassenteufel, *op. cit.*, p. 144.

CHAPITRE 2

LA NAISSANCE D'UNE LOGIQUE DE SECURITE COMMUNAUTAIRE FACE AU CONFLIT MALIEN

L'analyse du fonctionnement des Banques Culturelles de Koutammakou et de Tanéka nous a permis de comprendre en quoi la participation des populations locales au processus de patrimonialisation était susceptible de déterminer la participation des populations au processus de développement et inversement. Ce premier cas d'étude nous a permis de prendre conscience de l'originalité du modèle de la Banque Culturelle, en ce qu'elle crée une interdépendance entre les paramètres de conservation du patrimoine culturel et de développement local. Néanmoins, le système de la Banque Culturelle ne se résume pas à un musée et à une caisse villageoise, puisqu'il compte une troisième composante : le centre de formation. Ce centre polyvalent s'adapte aux besoins locaux et diffère ainsi d'une Banque Culturelle à une autre, mais comporte tout de même un objectif essentiel et commun à toutes : celui du renforcement de la communauté villageoise. Dans le cas des Banques Culturelles de Fombori et de Dimbal, le centre de formation se concentre sur la sensibilisation les populations au pillage des biens culturels par l'organisation de conférences suivies de discussions et par la tenue de pièces de théâtre. Cette activité, bénéfique en temps de paix pour éviter le trafic illicite des biens patrimoniaux, s'est révélée nécessaire dans le cadre du conflit malien pour lutter contre la destruction de ces biens par les forces djihadistes.

1. L'action des Banques Culturelles de Fombori et de Dimbal dans la lutte contre le pillage et la destruction des biens culturels

Le sauvetage du **toguna** *de Sadia par les acteurs de la Banque Culturelle de Dimbal*

Pendant le conflit malien, les manuscrits de Tombouctou n'ont pas été les seuls biens patrimoniaux touchés par les djihadistes du fait de leur classification par l'UNESCO. Les biens culturels emblématiques de la région Dogon, classés par l'UNESCO en 1989[1] ont également été pris pour cibles. En octobre 2012, un « *toguna* », c'est-à-dire un arbre à palabres soutenu par des piliers sculptés et considéré comme le centre décisionnel dans chaque village dogon, a fait l'objet d'une destruction de la part du Mouvement pour l'Unicité et le Jihad en Afrique de l'Ouest (MUJAO) dans la région de Douentza, au nord du Mali[2]. Cette destruction, explicitement due au caractère provoquant des personnages nus représentés sur les piliers du *toguna* peut également être comprise comme un moyen de faire disparaître les témoins de la religion vaudou, polythéiste, afin d'affirmer la grandeur de l'islam, monothéiste.

Les acteurs de la Banque Culturelle de Dimbal, qui mènent des actions proactives pour la protection des *togunas* depuis 2011, ont renforcé leurs actions suite à cette destruction très médiatisée au Mali. Dans le cadre du « Plan de sauvegarde des biens culturels » adopté en partenariat avec l'Office Fédérale de la Culture en 2011, le Comité de gestion de la Banque Culturelle de Dimbal avait mené une enquête pour retrouver les piliers du *toguna* de Sadia, qui avaient été arrachés. Grâce à leur enquête, les membres de la Banque Culturelle de Dimbal ont retrouvé 12 piliers du

---

[1] UNESCO. Falaises de Bandiagara, ressource électronique : http://whc.unesco.org/fr/list/516/ (dernière consultation le 26 mars 2014).

[2] Bamada. Net, « Mort du chef local du MUJAO cinq jours après la destruction du toguna », article de presse électronique : http://bamada.net/douentza-mort-du-chef-local-du-mujao-cinq-jours-apres-la-destruction-du-toguna (dernière consultation le 26 mars 2014).

toguna de Sadia puis ont recherché les 4 piliers manquants. Sur ces 4 piliers, un avait été volé en 2004, mais Interpol n'avait pas pu le retrouver car il n'existait pas de photographies du pilier. Les trois autres ont été retrouvés chez des antiquaires locaux de la région de Bandiagara. La mission de Bandiagara[1], qui avait épaulé l'équipe d'archéologues pendant l'enquête a proposé de transférer le *toguna* reconstitué au musée régional de Bandiagara ; mais sur la décision des villageois de la commune, le *toguna* a été reconstruit dans la cour de la Banque Culturelle de Dimbal grâce à l'aide de l'Association des anciens de la Banque Culturelle[2]. Suite à cette découverte, l'équipe de la Banque Culturelle en partenariat avec la mairie de Dimbal avait mené un inventaire général des piliers de *togunas* dans la région[3].

Pendant le conflit malien, en réaction à cette destruction du *toguna* de Douentza et pour prévenir les dégâts qu'auraient pu provoquer les djihadistes pendant l'occupation de l'Azawad, les coordinateurs des Banques Culturelles de Fombori et de Dimbal ont mis en place des mesures d'urgence sur les conseils d'Aldiouma Yattara, directeur du musée du Gao et expert des Banques Culturelles à l'EPA. Selon Anne Mayor, directrice de l'association Dimbal.ch et professeur d'archéologie à l'université de Genève :

---

[1] « Créée en 1993, la Mission culturelle de Bandiagara (MCB) est un service déconcentré du Ministère de la Culture qui a pour mission la protection et la mise en valeur du site de la Falaise de Bandiagara (Pays dogon) inscrit sur la Liste du Patrimoine mondial de l'UNESCO en 1989 en tant que Bien mixte (culturel et naturel) », Site internet de la Mission de Bandiagara, ressource électronique : http://mcbmali.org/spip.php?article2 (dernière consultation le 26 mars 2014).

[2] Anne Mayor et al. Cultural banks and development among communities in Mali. Revised paper presented at the workshop Community Archaeology and Heritage Work in Africa: Issues, Lessons and the Future, organized by P. Schmidt & I. Pikirayi. University of Florida, March 24-28, 2014, p. 17.

[3] « 20 *togunas* établis dans 12 villages de la Commune présentent au total plus de 70 piliers de bois sculptés (fig. 2). Selon les données de l'enquête préliminaire, à confirmer sur le terrain, ces derniers ont été fabriqués entre 1837 et 2005. Moins d'une dizaine datent de la période précoloniale, une trentaine de la période coloniale, et une trentaine de la période postcoloniale (...) Les motifs sculptés les plus fréquents sont des personnages (masculins et féminins), des seins, des tortues et des varans, des masques, des sandales, et des objets utilisés par les hommes (lances, fusils, couteaux) ou les femmes (mortiers, pilons)[3] », in Anne Mayor, *Ibid.*

(L)'idée retenue a été de répartir les objets par lots au sein de colis numérotés, de les disperser et de les dissimuler à l'intérieur des maisons du village, sous la responsabilité des différents membres du comité. Heureusement, il n'a pas été nécessaire de procéder à cette mesure d'urgence suite à l'intervention militaire française, ayant stoppé l'avancée vers le sud des djihadistes à environ 120 km de Dimbal[1].

La signification de ce plan de protection des **togunas** *dans le cadre du conflit malien*

Les actions menées par les acteurs de la Banque Culturelle de Dimbal, pour sauver les piliers de *toguna* et plus généralement les biens culturels vaudou, doivent être resituées dans le contexte du conflit malien. L'enchâssement des causes du conflit malien, bien qu'extrêmement complexe, semble pouvoir être expliqué grâce à la théorie de Johan Galtung. Selon cet auteur, les conflits contemporains sont le résultat de trois sortes de violences : les violences « culturelle », « structurelle » et « directe ». Ces trois violences correspondent respectivement à trois pôles : le pôle « attitude » qui comprend les bonnes ou mauvaises perceptions entre les parties au niveau de leurs émotions, de leurs croyances ou de leur volonté, le pôle « contradiction », qui signifie l'incompatibilité des buts entre les parties et le pôle « comportement » qui renvoie à l'action directe des parties[2].

Le passé impérial du Mali, auparavant dénommé empire du Ghana, puis du Mali, puis de Songhaï[3], éclaire d'une part la distension du lien entre un Nord peuplé de nomades et un Sud peuplé de sédentaires. Dominants sous les trois empires, les Touaregs se trouvent en position de faiblesse avec la

---

[1] Anne Mayor, Rapport final : préservation du patrimoine culturel en pays dogon (commune rurale de Dimbal, Mali), 15 mars 2013, p. 5.

[2] Olivier Ramsbotham, Tom Woodhouse. Introduction to conflict resolution: concepts and definitions, in *Contemporary Conflict Resolution*, Cambridge Polity Press, 2011, pp. 3-31.

[3] Philipe Hugon les décrit comme des « aire[s] d'expansion de groupes ethniques plutôt [que des] comme des organisation[s] d'un espace politique contrôlé par un imperium », in Philippe Hugon, *L'économie de l'Afrique*, 7e édition, La découverte, 2010, p. 11.

colonisation française qui favorise le Sud et font alors de la Djihad un moyen de résistance, ce qui explique la cristallisation d'une *violence culturelle* entre Nord et Sud du Mali, renforcée par le soutien du Nord apporté par l'Algérie en 2011. À cette *violence culturelle* s'ajoute la *violence structurelle* de l'inégale gouvernance économique entre Nord et Sud suite à la décolonisation du Mali qui, conjuguée à trois périodes de sècheresse et donc de mobilité, a provoqué trois révoltes touarègues depuis les années 1960 : la révolte de 1963-1964, celle de 1990-1994 et celle de 2011[1]. À ces deux premiers facteurs que sont la séparation entre Nord et Sud et la pauvreté endémique, qui constituent l'arrière-plan du conflit de 2011, s'est ajouté un élément de *violence directe* qui a véritablement provoqué le déclenchement du conflit : l'implantation de mouvements islamistes fondamentalistes au nord du Mali influencés par les frères musulmans, le wahhabisme d'Arabie Saoudite et le Jama Al-Tabligh du Pakistan. Le mouvement Ansar Dine et le mouvement AQMI, ont en effet été implantés en zone touarègue par un seul homme[2] ; un revenant du conflit libyen formé par Mouammar Kadhafi.

Si le conflit malien a vu de nouveaux réseaux islamistes fondamentalistes voir le jour, l'« islamisation » de l'Afrique subsaharienne est bien antérieure au conflit. Ce phénomène s'est diffusé, selon René Otayek, tout au long du XXe siècle grâce aux facilités offertes par la mondialisation, au réseau transnational de l'« Umna » par la multiplication et l'amélioration des moyens de communication. Pour cet auteur néanmoins, cet élément ne constitue qu'un facteur parmi d'autres. Il souligne notamment le rôle des confréries religieuses, celui des organisations humanitaires islamiques et celui des medersas, les écoles islamiques modernes, dans cette diffusion régionale. Selon lui, les confréries religieuses, implantées depuis des siècles au sud du Sahara, ont bénéficié de la vague de colonisation en jouant le rôle ambigu de

---

[1] Thomas Flichy (dir.), *Opération Serval au Mali, l'Intervention française décryptée*, Groupe Synopsis du Centre de Recherches des Écoles de Coëtquidan, Panazol, Lavauzelle, 2013, pp. 40-45.
[2] *Ibid.*

relais des instances coloniales auprès des populations locales, mais aussi, paradoxalement, d'incarnation de la résistance à la domination coloniale. Elles ont également bénéficié de la vague de décolonisation en s'imposant comme des puissances économiques et politiques. Les organisations humanitaires islamiques, apparues pendant la Guerre froide pour concurrencer les organisations catholiques et protestantes en Afrique de l'Ouest, ont véritablement donné lieu à une « course à l'évangélisation » au cours de cette période. Enfin, les écoles medersas, par leur offre éducative mêlant aux sciences islamiques des matières profanes, concurrencent aujourd'hui les écoles publiques et privées et contribuent ainsi à constituer un « imaginaire collectif [1] » chez les jeunes. Cette islamisation remet en cause, toujours selon René Otayek, deux attributions fondamentales de l'État nation : le principe de souveraineté et celui de sécularisation. Cette islamisation bénéficie à la fois aux réseaux, mais également aux États qui politisent la religion islamiste pour en faire un instrument de légitimation. Jouant de la dé-crédibilisation du politique et de la sacralisation du principe d'intangibilité des frontières durement acquis pendant la décolonisation, les mouvements islamistes parviennent à devenir les lieux de recréation d'un lien communautaire et de nouvelles solidarités[2].

L'islamisation du Mali peut être comprise en termes d'*étendue*, du fait de la conversion massive des populations à l'Islam et en termes d'*intensité*, du fait de sa radicalisation. La conversion massive des populations à l'Islam et à la religion évangéliste représente le principal facteur de la vente illicite et du pillage des biens culturels, qui, délaissés par les populations converties, sont devenus plus accessibles aux trafiquants d'Art. Avec la radicalisation de l'Islam, ce mouvement s'est amplifié et s'est aggravé puisqu'il ne s'agit plus seulement du pillage ou de la vente illicite des biens culturels, mais de la destruction de ceux-ci. Cette dynamique

[1] René Otayek, Religion et globalisation : l'islam subsaharien à la conquête de nouveaux territoires, *Revue internationale et stratégique*, 2003/4, n° 52, pp. 51-65.
[2] René Otayek, *op. cit.*, pp. 61-63.

n'est pas propre au Mali. Selon Jean-Gabriel Leturcq, depuis une vingtaine d'années « le patrimoine est atteint en tant que patrimoine, en tant qu'héritage du passé de l'Autre, que l'on cherche à dégrader voire à nier [1] ». Dès lors, les destructions et les atteintes au patrimoine culturel ne sont plus à interpréter comme de simples actes de vandalisme, entendus comme des « acte(s) de destruction gratuite », mais bien comme des « destructions conscientes du patrimoine, parce qu'il a une valeur identitaire pour l'autre » qu'il s'agisse d'un autre État dans le cas des conflits interétatiques ou d'un groupe identitaire pendant les guerres intra-étatiques. Les exemples abondent dans les deux cas, on peut citer entre autres le saccage de Dubrovnik nommée « la perle de l'Adriatique » pendant la guerre de Yougoslavie, la destruction des deux bouddhas de Bamiyan par les talibans en Afghanistan en 2001[2], celle des mausolées de Sidi Al-Anloussi datant du XVe, et celle des mausolées Al-Chaab Al-Dahmani du XVIe siècle par les salafistes en Libye en 2012[3], celle des manuscrits de Tombouctou par les djihadistes au Mali en 2013.

Dans ces conditions, il est difficile de savoir à qui incombe la responsabilité de protéger les biens culturels et par là de déterminer à qui appartient ce patrimoine. Selon Jean-Gabriel Leturcq, le processus de patrimonialisation entamé au XXe siècle et défini comme « le processus par lequel un objet – matériel ou immatériel – est promu au rang de patrimoine méritant le droit d'être préservé[4] » a été le fait d'une part des États-nations en construction soucieux de faire correspondre à un territoire une nation et donc un patrimoine[5] et d'autre part celui de l'UNESCO qui par la liste

---

[1] Jean-Gabriel Leturcq, *Les Guerres du patrimoine*, Le Caire, CEDEJ, 2006, p. 1.

[2] UNESCO. Paysage culturel et vestiges archéologiques de la vallée de Bamiyan, ressource électronique: http://whc.unesco.org/fr/list/208 (dernier accès 19 mai).

[3] Vincent Michel, Directeur de la mission archéologique française pour la Lybie antique, Conférence « Protection du patrimoine culturel en cas de conflits armés dans le Monde Arabe », 7 avril 2014, Sciences Po.

[4] Pascale Coissard, « La protection du patrimoine culturel en cas de conflit armé: enjeux et limites du cadre international », Mémoire de fin d'Études, Droit international, 2007, p. 10.

[5] « Cet engouement pour la patrimonialisation est certainement concomitant à la

du patrimoine culturel mondial en a fait une propriété universelle. Cette double patrimonialisation pose deux problèmes majeurs en cas de conflit armé. Elle induit à la fois la consécration du patrimoine comme support de l'identité nationale par l'État et à la fois sa consécration comme partie du patrimoine universel par l'UNESCO. Ces deux consécrations sont susceptibles de donner deux raisons à l'ennemi de prendre le patrimoine pour cible : pour annihiler la culture et ainsi l'histoire de l'État ou du groupe identitaire adverse ou pour anéantir le travail d'une organisation internationale considérée comme postcoloniale. Le patrimoine ainsi valorisé devient alors plus vulnérable, alors même que la responsabilité de sa protection n'est pas clairement définie, car la Convention de La Haye de 1954 semble trancher à la fois pour une « responsabilité collective[1] » envers les biens culturels menacés et à la fois pour une « propriété culturelle[2] » nationale, ses formulations étant suffisamment vagues pour que le doute subsiste[3]. Le blocage induit par cette concurrence entre échelon international et échelon national autour de la notion de *responsabilité* occasionne la perte de nombreuses pièces patrimoniales.

---

formation des États Nations et à la fragmentation de certaines parties du monde : l'Empire ottoman, les États de l'Europe de l'Est, etc. Chacun de ces États devant se créer une identité, le patrimoine, et spécialement le patrimoine matériel, a été mis en avant comme appartenant à une histoire ancienne, qui justifiait la création de cet État. C'est le cas par exemple en Irak, pays fragmenté et créé par une puissance coloniale. Alors que le pays est divisé selon des lignes ethniques (par exemple avec les Kurdes) et religieuses (Shiites - Sunnites principalement), le vivre ensemble était maintenu par la référence à l'ancêtre commun, datant d'avant l'islamisation de l'Irak. Ainsi le vase d'Uruk, symbole de l'existence d'un peuple irakien uni avant l'Islam et volé en avril 2003 durant le pillage du musée de Bagdad, était une icône de l'unité nationale. » In Pascale Coissard, *ibidem*, p. 10.

[1] Étienne Clément, « Le concept de responsabilité collective de la communauté internationale pour la protection des biens culturels dans les conventions et recommandations de l'UNESCO », *Revue belge de droit international*, 1993, n° 2, 17 p.

[2] Jean-Gabriel Leturcq, *op. cit.*, p. 3.

[3] « Les pays reconnaissent explicitement que les sites qui se trouvent sur leur territoire national et qui ont été inscrits sur la Liste du Patrimoine mondial constituent, sans préjudice de la souveraineté nationale et de la propriété, un patrimoine mondial à la protection duquel "il incombe à la communauté internationale tout entière de participer". » In Dominique Audrerie, Raphael Souchier, Luc Vilar, *op. cit.*, p. 11.

Dans le cadre du conflit malien, Irina Bokova, la directrice de l'UNESCO a « exhort(é) les forces militaires (françaises et maliennes) à protéger les sites culturels au Mali lors des raids aériens et interventions terrestres » en janvier 2013. Ella a, de plus, invoqué la Convention de La Haye de 1954 et ses deux protocoles concernant la protection des biens culturels en situation de conflit, notamment l'article 4 qui « interdit d'exposer les biens (culturels) à une destruction ou à une détérioration (...) en s'abstenant de tout acte d'hostilité à leur égard[1] ». Elle a également rappelé les trois résolutions adoptées par le Conseil de Sécurité sur la situation au Mali[2], qui ont condamné la destruction du patrimoine culturel et appelé à sa protection[3]. La directrice a mobilisé également un fonds d'urgence pour la protection du patrimoine malien classé par l'UNESCO. Dans la continuité de cette exhortation, l'UNESCO a créé un « passeport pour le patrimoine[4] » indiquant la localisation des sites patrimoniaux aux États-majors, aux forces de police et aux agents humanitaires. Cette initiative, située dans la droite ligne de l'action des « Monuments Men » de la Seconde Guerre mondiale[5], pour louable qu'elle soit, se concentre uniquement sur les sites

---

[1] UNESCO. La directrice exhorte les forces militaires à protéger les sites culturels au Mali lors des raids aériens et interventions terrestres, ressource électronique : http://www.unesco.org/new/fr/media-services/single-view/news/la_directrice_generale_de_lunesco_exhorte_les_forces_militaires_a_proteger_les_sites_culturels_au_mali_lors_des_raids_aeriens_et_interventions_terrestres/#.U3Y7n42EDm0 (dernière consultation le 5 mai 2014).

[2] Il s'agit ici des résolutions 2056 du 5 juillet 2012, 2071, du 12 octobre 2012 et 2085 du 20 décembre 2012. Voir Thomas Flichy, *Opération Serval, L'intervention française décryptée, Renseignement histoire et géopolitique*, Groupe SYNOPSIS du Centre de Recherches des Écoles de Coëtquidan, Panazol : Lavauzelle, 2013, pp. 50-52.

[3] UNESCO. La directrice exhorte les forces militaires à protéger les sites culturels au Mali lors des raids aériens et interventions terrestres, *ibid.*

[4] UNESCO. L'UNESCO a adopté une carte et un passeport pour protéger le patrimoine culturel du Mali, ressource électronique :
http://whc.unesco.org/fr/actualites/981/ (dernière consultation le 15 mai 2014).

[5] UNESCO. Projection du film *Monuments Men* (en version originale en anglais sous-titrée en français), le 27 mars à 19 heures précédée du débat « Les Monuments Men and Women d'aujourd'hui » sur la préservation du patrimoine culturel en temps de guerre et la lutte contre le trafic illicite de biens culturels, conduit par un panel d'experts, ressource électronique : https://fr.unesco.org/events/monuments-men .

patrimoniaux classés par l'UNESCO dans la zone d'occupation, mais ne prend pas en compte l'immense majorité des biens patrimoniaux non classés, pourtant directement menacés par les réseaux islamistes.

L'émergence d'une « responsabilité communautaire » comme corollaire d'une « responsabilité collective »

L'épisode du sauvetage des piliers du toguna de Sadia et l'inventaire mené suite à cette découverte par le Comité de gestion et l'Association des anciens de la Banque Culturelle, avec l'équipe d'archéologues de Dimbal.ch et la mission de Bandiagara, démontre la contribution des Banques Culturelles à une responsabilisation des populations locales dans la lutte contre le pillage et la destruction des biens culturels. En habilitant la communauté locale à la sauvegarde du patrimoine culturel en péril, les Banques Culturelles s'inscrivent dans une dynamique de recouvrement de la *souveraineté* des communautés locales, en tant que structures étatiques décentralisées, sur la destination des biens patrimoniaux en cas de conflit armé. Cette notion de *souveraineté locale* est d'autant plus intéressante que les Banques Culturelles représentent des structures de gouvernance démocratique dans des zones éloignées du pouvoir central et contribuent ainsi une *démocratie par le bas* en partenariat avec les autorités communales par leurs différents organes. Selon Daouda Keita :

> La Banque Culturelle est une institution communautaire qui exige une participation active des populations locales. Cette participation devient effective et significative si elle est représentée au niveau de toutes les instances du village. Le caractère communautaire du projet nécessite une représentation importante de la communauté dans sa gestion[1].

Il poursuit en expliquant que :

> La Banque Culturelle est gérée par une association villageoise reconnue officiellement et régie par des textes (statuts et règlement intérieur). L'association se compose de

[1] Daouda Keita, *Le Guide de la Banque Culturelle*, *op. cit.*, p. 12.

plusieurs instances : l'assemblée générale, le comité de gestion, le comité de crédit, le comité des sages et les commissions[1].

Par la participation et la responsabilisation des populations locales dans la protection des biens patrimoniaux au sein d'un système de gouvernance locale, la Banque Culturelle semble proposer une voie médiane entre la logique universaliste d'une part et nationaliste de l'autre. Elle affirme l'existence de deux responsabilités vis-à-vis de la protection du patrimoine culturel en cas de conflit et d'impossibilité de l'État à assurer sa fonction régalienne de protection du patrimoine : la *responsabilité internationale* des organisations intergouvernementales telles que l'UNESCO et la *responsabilité locale* des communautés. Nous nuançons ici l'idée de « responsabilité inversée » mise en avant par Jochen Von Bernstorff dans le domaine de l'alimentation, qui oppose à la « Sécurité alimentaire » la « Souveraineté alimentaire[2] » et à la « responsabilité de protéger » de la communauté internationale, le « droit de résister » de la communauté locale[3] ; inversant ainsi le transfert de la souveraineté étatique vers les instances internationales au profit des instances locales[4]. Nous postulons, pour notre part, une *complémentarité* et non une opposition entre responsabilité internationale et responsabilité locale en cas de conflit armé dans le domaine de la protection du patrimoine culturel. Il est d'ailleurs intéressant de remarquer les nombreux liens qui existent

---

[1] *Ibid.*

[2] Jochen Bernstorff. 'Land Grabbing' und Menschenrechte: die FAO Voluntary Guidelines on the Responsible Governance of Tenure, *INEF Forschunggsreihe Menschenrechte Unternehmensverantwortung und Nachhaltige Entwicklung*, 2012, n° 11, p. 19.

[3] « *Vergleichbar der abgestuften dualen Logik der Schutzverantwortung, die auf den Kopf gestellt wird, entsteht damit weitergedacht ein duales Right to Resist (Widerstandsrecht) der staatlichen bzw. lokalen Ebene gegen negative Folgen einer institutionell geförderten ökonomischen Globalisierung* ». *Ibid.*, p. 19.

[4] "*Food Sovereignty is the Right of peoples, communities, and countries to define their own agricultural, labor, fishing, food and land policies, which are ecologically, socially, economically and culturally appropriate to their unique circumstances* ». *Ibid.*, p.16.

entre la logique de la Banque Culturelle et celle de la Sécurité humaine, notamment celle de sa composante intitulée « Sécurité communautaire[1]». Issue du Rapport sur la sécurité humaine publié en 2005 par le gouvernement canadien qui insiste sur la « responsabilité de protéger » et du Rapport du PNUD de 1994 qui entend libérer les populations de la peur (droits de l'homme) et du besoin (développement humain), la Sécurité humaine accentue la protection des individus et des communautés ainsi que le caractère interdépendant des différentes sécurités[2]. Mary Kaldor, après avoir expliqué les caractéristiques des « nouvelles guerres », explique l'intérêt de la Sécurité humaine pour régler ces conflits sociaux et distingue cinq principes : la primauté des Droits de l'Homme, l'établissement d'une autorité politique légitime, le multilatéralisme, l'approche *bottom-up* et la logique régionale[3]. La logique de la Banque Culturelle s'inscrit dans certains de ces principes : par la primauté accordée aux Droits de l'homme et notamment au droit au patrimoine culturel sous-entendu dans le droit à la mémoire, par son approche *bottom-up* qui privilégie le « partenariat », la « base locale » et la « participation », mais aussi et surtout par son rétablissement, temporaire, d'une autorité politique légitime dans un État défaillant. En effet, avant le rétablissement d'un État fort, l'autorité légitime peut être régionale ou locale selon Mary Kaldor : « autorité politique légitime ne signifie pas nécessairement État : il peut s'agir d'un gouvernement régional, d'arrangements politiques

---

[1] « *The component of community in this definition of human security includes the need to be recognized and to be able to participate in the larger world. The meaning of community coheres around relationships, some of which are based on personal relationships or extended kinships ties but many of which are built through familiar, secure, and repeated interactions with of broad range of independent actors* » in Jennifer Leaning. Human Security in the R2P Era, in Mary Martin, Taylor Owen. *Routledge Handbook of Human Security*, London/ New York: Rutledge Handbooks, 2014, p. 160.

[2] *« Sécurité économique, sécurité alimentaire, sécurité sanitaire, sécurité de l'environnement, sécurité personnelle, sécurité de la communauté, sécurité politique »* in Mary Kaldor, Sonia Marcoux. La sécurité humaine : un concept pertinent ?, *Politique étrangère*, 2006, n° 4, p. 904.

[3] *Ibid.*, p. 906-909.

régionaux ou internationaux débouchant sur des protectorats ou des administrations de transition. Puisque la défaillance de l'État est souvent la première cause de conflits, les raisons de cette défaillance doivent être prises en compte lors de la reconstruction d'une autorité politique légitime[1] ». La Banque Culturelle peut donc, dans le domaine de la protection des biens culturels, devenir une structure de gouvernance légitime pendant le temps d'un conflit, voire contribuer au développement local pendant cette période et éviter ainsi que le conflit ne s'aggrave dans cette zone. La « Sécurité communautaire », exposée dans le Rapport du PNUD, présente l'ambiguïté de la communauté locale comme refuge et source de conflit et la nécessité de renforcer ses liens internes[2]. La Banque Culturelle, en faisant du patrimoine culturel le ciment de la communauté, peut permettre de dépasser les dissensions internes entre les membres d'ethnies et de religions différentes et devenir un acteur incontournable en cas d'intervention. L'apport majeur des instances locales aux instances internationales peut être compris grâce au concept de « *frame* » mis en avant pas Séverine Auteserre pour expliquer l'incompréhension des enjeux locaux par les « *peacebuilders* » internationaux pendant la transition démocratique en République Démocratique du Congo. La notion de « frame » issue d'Erving Goffman[3] est définie comme suit par l'auteur :

> *(a) collective, intersubjective understandings that people draw on to construct roles and interpret objects (...) Frames are social objects – they are not only inside individual heads but are also embedded in social routines, practices, discourses, technologies, and institutions. They can consist of ideologies, 'assumptions and definitions taken as given' – which include standard operating procedures and 'shared definition of the environment*[4].

[1] *Ibid.*, p. 907.
[2] Mary Kaldor, Sonia Marcoux, *op. cit.*, p. 904.
[3] Erving Goffman. *Les cadres de l'expérience*, Paris, Les éditions de minuit, 1991, 576 p.
[4] « Une compréhension collective, intersubjective grâce à laquelle les gens peuvent construire des rôles et interpréter des objets (…). Les cadres sont des objets sociaux – ils ne sont pas seulement dans la tête des individus mais ils sont également incorporés dans les routines sociales, dans les pratiques, les discours, les

Cet ensemble de freins à la compréhension des enjeux locaux par les acteurs internationaux permet de saisir l'importance de la complémentarité entre la responsabilité des acteurs internationaux et des acteurs locaux puisque, si les premiers détiennent des ressources matérielles et juridiques, les seconds peuvent limiter les externalités négatives de l'intervention extérieure par leur connaissance du terrain et de ses rapports de force.

2. Le renouveau d'un lien communautaire fondé sur une « solidarité mécanique »

La distinction fondamentale entre « culture » et « religion » pour éviter l'affrontement intra-communautaire

À cette activité d'*intervention* des Banques Culturelles dans le cas de destruction du patrimoine culturel s'ajoute une activité de *prévention* contre les atteintes au patrimoine culturel au sein des communautés ainsi qu'une activité de *réconciliation* post-conflit autour du patrimoine culturel. Comme nous l'avons vu précédemment, le rôle de la Banque Culturelle est d'associer à la conservation des biens culturels une activité de microcrédit – pour compenser le revenu que les villageois auraient pu gagner en se séparant de l'objet (caisse villageoise), mais également de sensibiliser les villageois aux conséquences de la vente illicite et de la destruction du patrimoine culturel par le biais de conférences, de workshops et de pièces de théâtre (centre de formation). À Dimbal, trois grandes actions de sensibilisation ont été menées envers les enfants, les femmes et les chefs religieux par la Banque Culturelle en partenariat avec la mairie de la commune. À la fin de l'année 2011, les

---

technologies et les institutions. Ils peuvent constituer des idéologies, 'les hypothèses et les définitions prises pour acquises' – qui incluent des procédures de fonctionnement standardisées et 'une définition partagée de l'environnement'. » TdA, à partir de Séverine Autesserre, Hobbes and the Congo : frames, local violences, and international intervention, *International Organization*, 2009, vol. 63, pp. 250-251.

élèves de la 3e à la 9e année ont été conviés à un débat autour de la notion de « patrimoine culturel » suivi d'une visite du musée de la Banque Culturelle et d'un concours de lecture organisé par la bibliothèque du centre culturel. Face au succès de cette première initiative, une seconde phase de sensibilisation a été menée pour les représentantes des associations de femmes afin de promouvoir la fréquentation de l'espace muséal par ces dernières. Suite à la destruction du *toguna* de Douentza et au désossement de celui de Sadia, les représentants politiques et religieux – « Chefs de village, conseillers, imams, curés et pasteurs » – des 20 villages sur les 21 qui forment la commune de Dimbal[1] ont été convoqués à la mairie pour exposer leur conception du patrimoine culturel et donner leur avis sur le centre culturel de la Banque Culturelle sous la surveillance d'un médiateur spécialisé de la région de Bankass. Selon Anne Mayor, « Après huit heures de discussions à la Mairie, portant notamment sur l'importance de distinguer culture et religion, les imams les plus radicaux ont accepté d'aller visiter le centre culturel[2] ».

Le patrimoine culturel est un enjeu ambivalent selon Jean-Gabriel Leturcq, citant Jacques Le Goff :

> La construction patrimoniale a créé et montré comment celui-ci joue un rôle éminent dans la formation des identités individuelles et collectives, constituant alors un élément fédérateur et souvent consensuel. 'En réaction, il a pu devenir un enjeu, voire une cible en cas de conflits ou de crises politiques majeures, ou servir de prétexte à des débordements régionalistes et nationalistes[3].

Jean-Gabriel Leturcq conclut son explication par une mise en lumière de l'ambivalence des « passions identitaires » :

---

[1] Ce qui représente au total 20 000 personnes environ.

[2] Dimbal.ch. Préservation du patrimoine culturel en pays dogon, Rapport final, 15 mars 2013, p. 6.

[3] Jean-Gabriel Leturcq, *Les guerres du patrimoine*, Le Caire : CEDEJ, 16 octobre 2006 citant Jacques Le Goff. *Patrimoine et Passions identitaires*, Paris, Fayard, 1998.

> Telle est donc l'ambivalence des passions identitaires, à la fois dévastatrices lorsqu'elles alimentent les replis sur soi et créatrices lorsqu'elles enracinent dans l'amour du passé l'aptitude à vivre ensemble[1].

L'objectif des acteurs de la Banque Culturelle et de la commune de Dimbal consiste à faire primer la tendance « créatrice » du patrimoine culturel traditionnel sur sa tendance « dévastatrice » en en faisant le dénominateur commun entre des groupes identitaires et religieux différents. Par leur travail de réconciliation des populations autour du patrimoine culturel, les Banques Culturelles sont susceptibles de prévenir l'exportation des conflits nationaux au sein des communautés locales en réhabilitant la notion de « communauté » distincte de l'ethnie et du groupe religieux et distincte de la société. En effet, le lien entre ses membres n'est pas fondé sur un rapport marchand, mais sur des « liens de sociabilité plus étroits, une sous-culture commune et le sentiment d'appartenance à un groupe[2] », ce qui remet au goût du jour la célèbre distinction de Ferdinand Tonnies entre *communauté* (*Gemeinschaft*) et *société* (*Gesellschaft*)[3]. Une nuance importante doit ici être apportée, dans la mesure où la réhabilitation des communautés locales autour du patrimoine culturel traditionnel et ainsi de la culture peut prêter à confusion et être amalgamée à la re-création de communautés identitaires comparables à celles propres à l'islamisme fondamentaliste. La distinction entre « culture » et « religion » est ici fondamentale, puisque nous argumentons ici pour la revalorisation de communautés locales territorialisées autour des mairies et englobant les différentes ethnies et les différentes religions et non pour celle des communautés transnationales déterritorialisées sur le modèle des groupes terroristes. Bertrand Badie, dans sa contribution *Le Jeu triangulaire* remarque le déplacement de l'« allégeance citoyenne » envers l'État – malien –, par la

---

[1] Jean-Gabriel Leturcq, *op. cit.*
[2] Jean-François Dortier, Communauté, in *op. cit.*, p. 57.
[3] Ferdinand Tonnies, *Communauté et Société : catégories fondamentales de la sociologie pure*, Paris, Presses universitaires de France, 1944.

montée de l'« allégeance primordiale » aux « entrepreneurs identitaires » – ethniques –, et de l'« allégeance utilitaire » aux « entrepreneurs transnationaux[1] » – islamistes. Partant de ce constat, nous pourrions dire que la réhabilitation de la communauté locale, en tant que structure décentralisée de l'État, n'est pas à comprendre comme la remise en cause de l'État, mais bien plus comme son renforcement.

La communauté et l'État réconciliés dans la décentralisation ?

L'État malien, héritage de la colonisation, a suivi les étapes de construction de l'État à l'européenne si l'on se réfère à la critique de Stein Rokkan par Johan Galtung. Selon Stein Rokkan, le *state-building* suit quatre étapes : l'unification politique, économique et culturelle des élites, l'intégration de la masse au système par les institutions (école, armée...), la participation active des citoyens au système par la représentation, puis l'établissement d'un état providence avec des agences de redistribution. Selon lui, l'évolution du l'État est un passage de la « *primordial local community* » communauté locale initiale au « *modern nation-state*[2] » à l'état nation moderne. Si ce modèle a été suivi par les États européens, il semble qu'il ne convienne pas à tous les pays décolonisés ayant suivi le même schéma. Au Mali, l'État n'a pas remplacé les communautés locales, mais s'y est superposé, menant aujourd'hui à un conflit entre Touaregs du Nord et sédentaires du Sud. Le renforcement des « *primordial local communities* » communautés locales par les Banques Culturelles, qui consiste en une réunification des populations autour d'un patrimoine commun suggère dès lors le passage d'une « solidarité organique » entre différents groupes à une « solidarité

---

[1] Bertrand Badie, « Le Jeu triangulaire », in Pierre Birnbaum (dir.), *Sociologie des nationalismes*, Paris, PUF, 1997, pp. 447-462.

[2] Johan Galtung, *Building on Stein Rokkan*, Institut universitaire d'études sur le développement, ressource électronique : http://www.transcend.org/galtung/papers/Building%20on%20Stein%20Rokkan.pdf (dernière consultation le 10 mai 2014).

mécanique ». Nous postulons ici que loin d'induire une logique régressive, la préservation des liens de solidarité intra-communautaire peut ici éviter les affrontements entre groupes identitaires et religieux. À Dimbal, la réhabilitation de la « communauté locale » permet de diminuer les fractures sociales établies de longue date comme celle entre les Peuhls et les Songhaï – c'est-à-dire entre les éleveurs et les agriculteurs – ou plus récentes comme celle entre musulmans et évangélistes, en rassemblant les populations autour d'une histoire commune faite de métissages et d'apports réciproques. Ce retour à la « solidarité mécanique » pour favoriser la re-création de solidarités englobant les identités religieuses et ethniques trouve son point d'achèvement dans la consécration du Conseil des Sages par le système de la Banque Culturelle, dont l'autorité traditionnelle reconnue par tous permet la prévention des conflits locaux[1].

Ce constat permet de débarrasser les notions de patrimoine culturel et de développement de leurs « prénotions » et d'envisager l'articulation insoupçonnée que ces deux termes peuvent entretenir dans certaines situations exceptionnelles. Le rôle joué par la Banque Culturelle dans la recréation d'une solidarité communautaire autour d'un patrimoine et d'initiatives communes peut sembler induire une logique régressive, opposée à l'idée de développement. La réalité est finalement inverse, car la préservation de ces solidarités permet dans ce cas une « culture du dialogue » susceptible d'éviter les incompréhensions entre les acteurs. En redéfinissant ensemble la notion de « patrimoine » comme la trace d'une histoire commune primant sur les appartenances particulières et en agissant sur la « violence

---

[1] « L'aspect culturel du projet et le respect de la tradition sont aussi des valeurs qui favorisent la résolution des conflits au plan local. Cette caractéristique accorde une importance toute particulière au conseil des sages (l'autorité morale) dont les décisions sont reconnues par toute la communauté. L'implication des partenaires sociaux est souvent déterminante dans la résolution des conflits. Leur statut social et la confiance dont ils jouissent auprès des communautés leur accordent une autorité morale et décisionnelle, aussi tout doit-il être mis en œuvre pour trouver une solution locale aux conflits pouvant intervenir au sein de la Banque Culturelle. La force du Conseil des sages réside dans la cohésion sociale et la solidarité entre les parties prenantes engagées dans le processus de mise en œuvre », in Daouda Keita, *Guide de la Banque Culturelle*, *op. cit.*, p. 14.

directe » ou sur le « pôle attitude » du conflit qui comprend les bonnes ou mauvaises perceptions entre les parties selon Olivier Ramsbotham et Tom Woodhouse, la Banque Culturelle a induit une logique de « pacification par le bas[1] ». Dans la mesure où cette dernière a agi sur la « violence culturelle », sur le « pôle attitude » du conflit local, elle peut à juste titre postuler au titre d'initiative de « générateur de paix[2] ».

---

[1] Olivier Ramsbotham, Tom Woodhouse, *op. cit.*, pp. 3-31.
[2] Renvoi à la page 73, *ibid.*

CHAPITRE 3

LE GRAND ABSENT DE L'ARTICULATION ENTRE CULTURE ET PATRIMOINE CULTUREL : L'ÉTAT

Nous avons vu dans les deux chapitres précédents que l'analyse du modèle de la Banque Culturelle sous ses différentes déclinaisons permettait de comprendre les points de convergence et de divergence entre les concepts de « patrimoine culturel » et de « développement ». L'interdépendance que suppose le modèle de la Banque Culturelle entre ces deux notions est susceptible de produire un cercle vertueux en proposant un modèle de développement local alternatif qui améliore les conditions de vie des populations sans nuire à la solidarité communautaire et qui responsabilise la communauté locale contre le pillage et contre la destruction des biens culturels. À l'inverse, cette interdépendance est aussi susceptible d'engendrer un cercle vicieux, si l'une des trois composantes de la Banque Culturelle n'a pas fait l'objet d'une réelle appropriation par la population locale. Nous avons ainsi révélé le parallélisme entre les processus de conservation du patrimoine et de développement qui relèvent tous deux d'un même processus d'appropriation par les populations locales et suppose une démarche de la base vers le haut. Nous allons voir dans cette partie que les Banques Culturelles, en tant qu'initiatives locales soutenues par des organisations internationales, révèlent la tendance actuelle à la « glocalisation », autrement dit à la création de liens directs entre les échelles locale et internationale sans passer par l'échelle nationale. Nous interprèterons ce rétrécissement de la distance entre les acteurs locaux et internationaux à la lumière de la notion de « configuration » de Norbert Elias, définie comme « la figure toujours changeante que forment les joueurs [1]».

[1] Norbert Elias, *Qu'est-ce que la sociologie* ? La tour d'Aigues, Éditions de l'aube,

Transposée au système international par Guillaume Devin[1], celle-ci relève d'un double mouvement de « densification » et de « complexification » des liens d'interdépendances entre les acteurs de la scène internationale[2].

1. L'incompréhension des enjeux locaux par les acteurs internationaux : avant tout un manque d'intermédiaire

La Banque Culturelle comme support de la « glocalisation »

La conservation du patrimoine culturel et le développement que nous supposions antinomiques au début de ce travail se sont révélés être, dans le cadre des Banques Culturelles, deux enjeux soumis à la même nécessité d'appropriation par les populations. Nous avons également remarqué que combinés, ces deux enjeux étaient susceptibles de permettre la réhabilitation des solidarités communautaires en cas de défaillance de l'État. Sur la scène internationale, l'articulation entre ces deux enjeux fait l'objet d'un intérêt croissant : certains auteurs s'interrogent sur l'émergence d'un paradigme « Culture et Développement » et le « Groupe des amis Culture et Développement » pousse à l'adoption du patrimoine culturel comme « Objectif du Développement durable ». La Banque Culturelle est érigée par ces auteurs comme l'exemple même de l'apport de la culture au développement. L'articulation entre patrimoine culturel et développement semble dès lors sous-tendre une relation particulière entre les échelles internationale et locale. Pour comprendre ce jeu d'échelle complexe entre local et global, nous partirons d'une citation d'Yves Robert sur les structures muséales de type ethnographiques, auxquelles les Banques Culturelles s'apparentent :

> En abordant la question des grands objectifs des musées d'ethnographie, il semble qu'en Afrique, davantage encore

---

1991, p. 157.

[1] Guillaume Devin, « Norbert Elias et l'analyse des relations internationales », *Revue française de Sciences politiques*, 1995, vol. 45, n° 2, pp. 305-327.

[2] Guillaume Devin, Marie-Claude Smouts, *op. cit.*, pp. 70-74.

qu'en Occident, l'un des enjeux supérieurs, à côté de la conservation spécifiques des cultures et de la recherche de les concernant, soit celui de l'*inscription du local dans le global*[1].

Si le principe de la Banque Culturelle vise l'établissement de relations symétriques entre les pays d'Afrique de l'Ouest et le reste du monde par la mise en valeur de la richesse culturelle des communautés locales, force est de constater que le modèle n'a pu fonctionner jusque-là que grâce au soutien des bailleurs de fonds bilatéraux et multilatéraux. L'« insertion du local dans le global », bien réelle, semble dès lors constituer une remise en cause du rôle de l'État. Nous avions vu dans la deuxième partie de ce mémoire que par son association des concepts de développement et de patrimoine culturel le modèle de la Banque Culturelle avait permis à deux organisations internationales spécialisées dans chaque domaine de regagner une légitimité. L'aspect patrimonial de la Banque Culturelle a permis de donner à la Banque Mondiale le gage de soutenir une initiative véritablement locale puisque protégeant l'identité même d'un peuple. L'aspect développementaliste de la Banque Culturelle a permis de donner à l'ICCROM le gage de soutien à une initiative plus durable, puisque fondée sur une logique de développement. L'aspect « local » et l'aspect « durable » semblent donc être deux aspects favorisés par les organisations internationales pour légitimer leur programme, qu'il s'agisse du développement ou de la protection du patrimoine culturel. Ce jeu d'association entre patrimoine culturel et développement, d'échelle locale et internationale renvoie à l'histoire même du développement et à celle de la conservation du patrimoine culturel, oscillant au cours du temps entre ces deux échelles.

---

[1] Yves Robert, *op. cit.*, p. 18.

Développement et Patrimoine culturel, deux enjeux oscillants entre universalisme et particularisme

Si l'on compare l'histoire du développement à celle de la protection du patrimoine culturel, il semble possible de dégager des tendances générales. Le patrimoine culturel, qui, dans sa définition première, constitue le support de l'identité locale d'une population, semble tendre à se rattacher à l'universel. Ce phénomène se manifeste par la classification du patrimoine mondial de l'UNESCO et avec l'adoption des Conventions de 1954 sur la protection des biens culturels en cas de conflit armé et de 1970 sur la lutte contre l'importation, l'exportation et le transfert de propriété illicites des biens culturels (annexes). Selon Françoise Benhamou, il serait même question d'intégrer le patrimoine culturel aux biens publics mondiaux :

> (...) la liste généralement adoptée de ces biens n'inclut pas les biens patrimoniaux. Elle comprend des biens environnementaux (climat), sanitaires (épidémiologie) et éducatifs. Le patrimoine est toutefois mentionné, mais pas analysé, dans un texte de Philippe Hugon (2003)[1].

À l'inverse, le développement semble constituer un modèle universel, applicable de manière identique dans tous les pays du Sud pour rattraper économiquement des États « du Nord » dans sa définition première, celle du point IV du discours de Truman. Celui-ci énonce : « notre but devrait être d'aider les peuples libres du monde à produire, par leurs propres efforts, plus de nourriture, plus de vêtements, plus de matériaux de construction, plus d'énergie mécanique afin d'alléger leurs fardeaux[2] ». Emblématique des plans d'ajustements structurels, le modèle du développement « one fits all » unique pour tous semble pourtant tendre à devenir un enjeu local et individuel depuis le rapport sur le développement humain de 1990[3]. Avec l'émergence du

[1] Françoise Benhamou, *op. cit.*, p.118.

[2] Gilbert Rist, *Le Développement: histoire d'une croyance occidentale*, Paris : Presses de Sciences Po, 2007 (3e éd.), pp. 130-131.

[3] Il s'agit ici d'une posture intellectuelle et l'inverse sera tout aussi défendable. Nous pourrions ainsi dire que le développement qui semble ne pouvoir être rattaché qu'à

principe de Sécurité humaine et celle des « Objectifs du Millénaire du Développement », la particularité des différentes formes de développement a encore été réaffirmée : la Sécurité humaine place désormais l'individu et ses besoins au centre de la sécurité mondiale et les Objectifs du Millénaire du Développement, par leur structure même d'« objectifs », semblent redonner aux États aidés le choix de leur mode de développement.

Le double mouvement de va-et-vient entre enjeux de protection du patrimoine culturel et de développement, entre particularisme et universel, est parfaitement rendu par Françoise Benhamou citant Immanuel Wallerstein pour expliquer la situation du site laotien de Luang Prabang :

> Les interrogations qu'il (l'universel) suscite n'ont pas encore conduit à en déplacer les enjeux vers la question du juste mouvement d'échange et d'hybridation qui se joue entre le local et le global, entre la préservation de la diversité et la modernité[1].

Elle poursuit l'explication de ce paradoxe comme suit :

> La préservation du patrimoine est pensée comme un combat contre le risque de disparition d'un lieu avant tout vulnérable. Pourtant, la montée du tourisme et le développement économique devraient conduire à des solutions hybrides, parfois difficiles à définir, lorsqu'il s'agit « *d'universaliser nos particularismes et de particulariser nos universels, en une espèce de chassé-croisé dialectique ininterrompu* qui nous permettra d'aboutir à de nouveaux métissages, à de nouvelles synthèses – qui seront, bien entendu, aussi instantanément à remettre en question[2].

Les deux concepts, celui de patrimoine culturel et celui de développement, semblent donc s'interpénétrer comme le font les échelles locales et internationales, le particularisme

---

un contexte local spécifique fait l'objet d'une universalisation et que le patrimoine culturel, mis à l'agenda de l'UNESCO dans les années 1970 tend à devenir un enjeu local.

[1] Immanuel Wallerstein, « L'universalisme européen. De la colonisation au droit d'ingérence », Paris, Demopolis, 2006, in Françoise Benhamou, *op.cit.*, p. 128.

[2] Immanuel Wallerstein, *op. cit.*, p. 128

et l'universalisme. Ce thème, résumé par les termes de « glocalisation » par Roland Robertson ou de « *fragmegration*[1] » par James Rosenau doit pourtant faire l'objet d'une analyse plus approfondie concernant ces enjeux. Si la Sécurité humaine et les Objectifs du Millénaire du Développement d'une part et la consécration du Patrimoine mondial d'autre part semblent pousser dans deux directions différentes, en réalité la tendance commune est à la consécration du local et de l'individuel comme enjeu universel pour faire prévaloir une logique interventionniste au détriment de la souveraineté de l'État, a fortiori de l'État en développement. Ce constat vient renforcer la thèse de Bertrand Badie qui affirme dans son ouvrage *Un monde sans souveraineté* : « À mesure qu'ils s'affirment, les enjeux communs à l'ensemble de l'humanité deviennent de plus en plus indivisibles. En rationalité et en éthique, ils appellent un traitement global dans lequel le principe de responsabilité se substitue à celui de souveraineté » et conclut « cette attention prêtée à la responsabilité consacre la réconciliation du mondial et du local[2] ». Cette substitution de la *responsabilité* à la *souveraineté* est propre à tous les domaines. Dans le registre du développement, avec les OMD, et dans celui du patrimoine culturel, avec la classification de l'UNESCO, l'État est pensé dans les textes comme l'acteur intermédiaire entre niveau local et international. Celui-ci est censé établir les modalités de réalisation des OMD ou de prévention des conflits avec le bureau pays du PNUD[3], présenter un dossier de candidature à l'ICOMOS pour demander le classement d'un site culturel à l'UNESCO et s'engager à en établir un plan de gestion. Mais dans les deux cas, force est de constater que si l'État est consulté par les organisations internationales, il ne joue pas un rôle majeur dans la mesure où il n'assure pas le suivi

[1] James Rosenau. *Along the domestic foreign frontier: exploring governance in a turbulent world*, Cambridge, Cambridge University Press, 1997, p. 99.
[2] Bertrand Badie, *Un monde sans souveraineté : les États entre ruse et responsabilité*, Paris, Fayard, 1999, pp. 166-167.
[3] Depuis le lancement de la politique de guichet unique.

des programmes sur la durée et se désengage de pans entiers de ses attributions régaliennes.

2. La décentralisation des États d'Afrique de l'Ouest comme corollaire de la sectorisation de l'agenda du Développement

Les politiques culturelles des États d'Afrique de l'Ouest ou le maintien de la dépendance entre anciennes métropoles et colonies

Dans ce contexte, le modèle des Banques Culturelles semble être un exemple parmi d'autres de ce désengagement de l'État en développement. La sociohistoire du modèle, que nous avons envisagée dans la première partie, nous a renseignés sur la création du concept par un agent du Peacecorps, sa réappropriation par deux organisations internationales au plan multilatéral et par le service culturel du Ministère français des Affaires étrangères au plan bilatéral. Au cours de ce processus, les États maliens, togolais et béninois, sauf à quelques rares exceptions près, semblent briller par leur absence.

Selon Ayoko Mensah, les États d'Afrique de l'Ouest se sont saisis des politiques culturelles au lendemain des indépendances pour construire leur unité nationale sur une identité culturelle. Puis dans les années 1990, sous la pression des bailleurs de fonds considérant la culture comme secondaire, les États se sont majoritairement détournés de ce domaine d'action – bien que certaines dictatures aient gardé le contrôle sur ce champ –, pour contraindre la libre expression[1]. Ce bref historique de la prise en compte de la culture par les États d'Afrique de l'Ouest permet de révéler l'influence des bailleurs de fonds régionaux et internationaux sur l'orientation des politiques publiques de ces États qui correspond finalement au maintien d'une dépendance entre

[1] Ayoko Mensah, « Les cultures africaines sont-elles à vendre ? Éléments sur la situation du secteur culturel en Afrique », *Africultures*, 2004, vol. 69, n° 4, pp. 13-27.

anciens pays colonisateurs et anciens pays colonisés. Si l'on considère l'exemple du Mali, sur 5 659 154 euros consacrés par l'État à son secteur culturel en 2006, 80 % ont été versés par la France par l'intermédiaire du Service de Coopération et d'Action culturelle (SCAC) et par celui du Centre culturel français, par l'Union européenne (UE) et par l'Organisation internationale de la Francophonie (OIF). Sur ce montant total, représentant 0,74 % du budget national malien, 25 % ont été consacrés aux investissements et 75 % au fonctionnement du Ministère de la Culture. Ce manque de ressources financières propres incite les États à promouvoir la mise en œuvre d'initiatives privées soutenues par les bailleurs de fonds internationaux, et l'insertion du modèle de la Banque Culturelle dans le plan d'action de décentralisation des politiques culturelles par l'État malien en offre un exemple prégnant[1].

Bien que résultant de la nouvelle orientation des bailleurs de fonds, le nouvel intérêt que suscite la culture auprès des organisations régionales est porteur d'espoir. Le potentiel économique de la culture ainsi que la construction d'espaces communs entrepris dans le cadre de politiques culturelles régionales sont à présent envisagés par de nombreuses organisations régionales comme un moteur d'intégration politique et économique sur le modèle de l'Union européenne, selon Isabelle Bosman. L'Union Africaine (UA) a inscrit le développement durable dans un programme culturel intitulé « Renaissance culturelle », la Communauté économique des États d'Afrique de l'Ouest (CEDEAO) a signé dès 1987 un accord culturel cadre pour une politique culturelle régionale, renforcé par un programme de développement culturel en 1996 et une déclaration sur la protection de la diversité culturelle en 2005. Pour sa part, l'UEMOA a entrepris la mise en place d'une politique communautaire des Arts et de la Culture pour appuyer les politiques culturelles des États membres par un principe de subsidiarité. Les Accords de Cotonou de 2000 entre l'Union

[1] Site internet d'ACP, ressource électronique : http://www.acp.int/fr (dernière consultation le 14 mai 2014).

Européenne et le Groupe des États d'Afrique, des Caraïbes et du Pacifique (ACP) ont inscrit la culture dans le développement durable, insistant sur la nécessité d'une prise de conscience de l'impact de la dégradation écologique sur le patrimoine culturel, mais aussi du potentiel économique de la diversité culturelle et naturelle[1].

La décentralisation comme stratégie de désengagement des États d'Afrique de l'Ouest : l'exemple de l'État malien

L'apparition des Banques Culturelles au Mali semble effectivement liée à la politique de décentralisation et de déconcentration menée par l'État malien dès 1993, qui crée d'une part de nouvelles collectivités territoriales administrées par des conseils élus et délègue d'autre part certains pouvoirs décisionnels au niveau régional, dans le domaine culturel notamment. Ainsi en vertu de l'article 3 de la loi n° 93-008 du 11 février 1993, les collectivités territoriales sont-elles devenues responsables de la « programmation et (de) la mise en œuvre des actions de développement culturel d'intérêt régional ou local ». De même en vertu de la loi n° 98-010 du 19 juin 1998, les communes se sont vues reconnaître une compétence en matière culturelle[2]. Selon Jérôme Marie et Éric Idelman, la décentralisation entreprise par l'État malien et par la plupart des États d'Afrique de l'Ouest dans les années 1990 peut être expliquée de manière générale par une volonté d'émancipation vis-à-vis du modèle colonial centralisé et jacobin et de manière particulière comme la réponse à de multiples aspirations de la part du peuple. De la part de l'élite urbaine malienne, ces aspirations correspondent à une volonté de démocratisation, et pour la majorité rurale, à un retour aux autorités traditionnelles. De la part de l'État, la décentralisation est analysée par les deux

---

[1] Isabelle Bosman, « Politiques culturelles africaines et coopération culturelle européenne : le Manuel du Secrétariat », ACP. *Africultures*, 2006, vol. 69, n° 4, pp. 200-208.

[2] Gian Giuseppe Simeone, « Quels musées pour le Mali ? Enjeux et perspectives de la décentralisation », in Marie-Anne Bouttiaux, *op. cit.*, p. 130.

auteurs comme un moyen de se délester de certains secteurs :

> La création ex nihilo de collectivités territoriales légales pouvait sembler un moindre mal et même une façon pour l'État de se décharger à bon compte de la gestion des services publics, tout en lui évitant d'abandonner leur gestion aux autorités traditionnelles[1].

De la part des organisations internationales, cette décentralisation est présentée comme une conditionnalité démocratique :

> Enfin, les réformes décentralisatrices s'inscrivent dans le projet des organismes internationaux. Au début des années 1980, sous les injonctions des IFI (Institutions Financières Internationales), et à l'instar de ses voisins sénégalais et ivoiriens, le régime malien entame un tournant vers l'ouverture au libéralisme. À partir de 1990, la France conditionne en principe son aide à l'Afrique à l'instauration de la démocratie – notamment sous ses formes locales – et la Banque Mondiale établit clairement la décentralisation comme condition d'attribution de ses prêts. De conséquence, la décentralisation devient une condition du développement économique[2].

Les Banques Culturelles, ou le rétrécissement de la distance entre autorités traditionnelles et bailleurs de fonds au détriment de l'État

Dans le cas des Banques Culturelles, la politique de décentralisation a permis à certaines municipalités dynamiques comme celle de Dimbal de responsabiliser la communauté locale en période de conflit pour la sauvegarde du patrimoine. Néanmoins, dans la plupart des cas, force est de constater que les États centraux n'assurent pas un rôle de suivi de ces initiatives qui tiennent lieu de musées régionaux tout en ayant un statut privé, déléguant ainsi leurs fonctions régaliennes aux bailleurs de fonds bilatéraux et

---

[1] Jérôme Marie, Éric Idelman, « La décentralisation en Afrique de l'Ouest : une révolution dans les gouvernances locales », *EchoGéo*, 2010, n° 13, p. 5.
[2] Jérôme Marie, Éric Idelman, *op. cit.*

internationaux lorsqu'ils sont présents, c'est le cas de Dimbal.ch à Dimbal et à défaut, aux autorités traditionnelles, c'est le cas à Koutammakou et à Tanéka[1]. Dans l'histoire des Banques Culturelles, les États ne sont finalement intervenus que deux fois : la première fois quand l'État malien a proposé les experts de ses départements d'État pour la constitution de l'ONG APBC, et la seconde quand le ministre de la culture togolais a fait une communication sur la Banque Culturelle de Koutammakou et ainsi reconnu le gestionnaire du site de Koutammakou comme son coordinateur[2]. Ce phénomène d'intervention des bailleurs de fonds dans les affaires des États par le biais des initiatives locales peut être compris comme le pendant du rôle normatif des organisations internationales que nous avons exploré dans la deuxième partie. En effet, selon Michael Barnett et Martha Finnemore, « *as IOs classify the world, promote and fix meanings, and diffuse norms, they frequently legitimate and facilitate their own expansion and intervention in the affairs of states and nonstates actors*[3] ». Si la tendance à la réhabilitation du rôle de l'État par les bailleurs de fonds nationaux et internationaux semble être devenue la norme depuis la fin des années 1990, celle des communautés qui lui est concomitante pose de manière cruciale la question de la viabilité de l'État ouest-africain, pris en étau entre ses autorités administratives et traditionnelles.

[1] À Tanéka par exemple, les revenus de la Banque sont reversés dans les proportions suivantes aux différentes catégories sociales : 10 % sont consacrés aux investissements, 10 % au développement, 40 % aux guides, 10 % aux fonctionnaires de la Banque et 20 % aux dignitaires et au roi. Le Coordinateur de la Banque Culturelle est lui-même le frère du Roi de Tanéka. Pour pouvoir mener notre étude sur les Banques Culturelles, nous avons rencontré et nous avons été bénis par les autorités traditionnelles, le Roi de Tanéka et les Sages.

[2] Lucie Tijougouna, Directrice de la Direction du patrimoine du ministère de la Communication, de la Culture, des Arts et de la Formation civique, entretien, 19 janvier 2014, Direction du Patrimoine togolais, Lomé.

[3] Michael Barnett, Martha Finnemore, *op. cit.*, p. 33.

Conclusion

La Conférence d'Hangzhou intitulée la « Culture : Clef du Développement durable », lors de sa session « *Introducing cultural heritage into the sustainable development agenda*[1] » met en exergue le lien intrinsèque qu'entretiennent les diversités culturelle et naturelle et les capacités de résilience que ces deux ressources représentent pour les communautés locales[2]. L'intégration du nouvel enjeu social qu'est la protection du patrimoine culturel à l'agenda du développement durable devra nécessairement prendre parti au sein du débat sur le rôle de l'État et des communautés dans la « gouvernance » des sociétés d'Afrique de l'Ouest. Partant de l'hypothèse du « multilatéralisme social » qui caractérise actuellement la scène internationale, nous pouvons suggérer que l'intégration de l'*enjeu* social de la culture et plus précisément du patrimoine culturel dans l'agenda du développement durable tendra à favoriser une « reconfiguration » des relations entre les *acteurs*. Au cœur de cette reconfiguration, les communautés locales tendront à devenir les nouveaux interlocuteurs des bailleurs de fonds internationaux, au détriment des États. La *fragmentation* semble ainsi devenir la norme sur la scène internationale, caractérisant du même coup la *sectorisation* de l'agenda du développement international et la *décentralisation* des États en développement.

---

[1] « Introduire le patrimoine culturel dans l'agenda du développement durable » TdA.

[2] Les différents panels abordés lors de cette conférence font directement écho à notre cas d'étude : la Culture dans le programme de développement au-delà de 2015 ; paix et réconciliation ; Culture, pauvreté et bien-être, la Culture et la Gouvernance locale ; les approches culturelles pour lutter contre la pauvreté ; la Culture : un vecteur et un catalyseur de cohésion sociale ; la Culture : un catalyseur pour la durabilité environnementale ; villes durables, patrimoine et créativité ; Introduire le patrimoine culturel dans l'agenda du développement durable ; la contribution de la créativité au développement durable ; la contribution de la Culture à l'édification de villes durables ; les partenariats publics privés dans le secteur de la culture. UNESCO. Voir Congrès international d'Hangzhou, La Culture : clef du développement durable, Hangzhou, 15-17 mai 2013.

CONCLUSION GÉNÉRALE

« Patrimoine culturel et lutte contre la pauvreté : les Banques Culturelles au service des communautés », le titre de la contribution d'Édouard Kouthinhouin, l'actuel directeur de l'EPA, à la Conférence « Musées entre enjeux identitaires et économiques[1] », résume en quelques mots notre réflexion en mettant en relation les termes de patrimoine culturel, de lutte contre la pauvreté et de communauté. Dans une perspective maïeutique, nous sommes partis d'un premier constat, pour le moins contre-intuitif, de l'association de plus en plus courante des termes de « culture » et de « développement » dans les programmes internationaux. Pour comprendre cette nouvelle dynamique, nous nous sommes concentrés sur les arguments des partisans de la mise à l'agenda de la culture dans le développement, qui illustraient leurs propos non pas avec des programmes généraux, mais avec des initiatives locales. Nous avons choisi d'étudier de manière approfondie une de ces initiatives particulièrement originales, la « Banque culturelle », pour révéler les enjeux de la mise à l'agenda de la « culture » dans les Objectifs du Millénaire du Développement (OMD) à laquelle se substitue aujourd'hui celle du « patrimoine culturel » dans les Objectifs du Développement durable (ODD). Pour étudier la séduction que le modèle de la Banque Culturelle avait opérée sur les bailleurs de fonds bilatéraux et multilatéraux, jusqu'à être érigée aujourd'hui en emblème de la symbiose entre patrimoine culturel et développement durable, nous avons utilisé différents éclairages, qui se sont révélés complémentaires.

Grâce aux auteurs constructivistes, nous avons analysé la circulation de ce modèle à la lumière des différents *acteurs*

[1] Conférence « Les Musées entre enjeux identitaires et enjeux économiques », ministère des Affaires étrangères, 10-11 décembre 2012.

qui ont tour à tour été intéressés par cette articulation originale entre musée et microcrédit. Ce modèle, par sa simplicité, a permis à des institutions aux mandats parfois diamétralement opposés, une liberté d'interprétation et d'appropriation totale. Cette plasticité a permis au modèle d'être investi de différentes missions : celle de la « Lutte contre la pauvreté », celle de la « participation des communautés » à leur propre développement, celle de l'« *empowerment* » des femmes au sein des communautés par l'artisanat, celle de la « Conservation préventive » ou encore de la « Sécurité communautaire ». Plutôt que de prendre parti dans le débat entre acteur et système, agent et structure, nous avons choisi une troisième voie qui dépasse cette dichotomie en postulant leur complémentarité.

À ce premier éclairage centré sur les « acteurs intermédiaires[1] », leurs ressources et leurs répertoires d'action, est venu s'ajouter un nouvel éclairage, centré sur les organisations internationales et leurs systèmes de représentation. L'appropriation du modèle de la Banque Culturelle par ces deux institutions que sont la Banque Mondiale et l'ICCROM, saisie à partir du concept de « fenêtre d'opportunité », nous a permis de nous inscrire dans une nouvelle interrogation propre à la Sociologie des organisations internationales. Ce travail démontre également la pertinence de l'analyse transnationaliste des relations internationales et de ses outils d'analyse pour comprendre comment les répertoires d'action des organisations internationales et non gouvernementales peuvent se rejoindre, par leur conception commune de réseaux transnationaux cimentés autour d'une norme à diffuser.

Après avoir étudié les phases d'éclosion, de circulation et de réappropriation du modèle, nous avons cherché à comprendre l'intérêt que représentait le modèle de la Banque Culturelle pour les partisans de la mise l'agenda de la culture dans le développement. Pour ce faire, nous avons étudié les points de convergence et de divergence des enjeux de développement et de conservation du patrimoine au sein des

[1] Expression empruntée à Olivier Nay et Andy Smith, *op. cit.*, pp. 12-15.

Banques Culturelles à l'aune de deux cas d'études. Cette étude nous a amenée à déduire trois principes, celui de la nécessaire appropriation du modèle par les populations, celui de l'interdépendance des trois composantes du modèle de la Banque culturelle entre elles, et celui de l'importance des structures de dialogue décentralisées. Le centre de formation de la Banque Culturelle, en tant qu'espace d'échange et de compréhension mutuelle entre membres de confessions et d'origines différentes et en tant moteur d'une solidarité mécanique fondée sur une histoire commune, s'est érigé en initiative de « *peacemaking* » lors du conflit malien. L'étude plus générale des tendances à l'*universalisation* du patrimoine culturel, avec le patrimoine mondial, et à la *sectorisation* du développement, avec les OMD, nous permet de conclure que la difficile mise à l'agenda de la culture dans les OMD tend aujourd'hui à être remplacée par celle du patrimoine culturel dans les ODD. Le modèle de la Banque culturelle, en réhabilitant les communautés dans la protection de leur mémoire et dans leur développement local et durable, devient le fer de lance des partisans de cette nouvelle mise à l'agenda. Partant du postulat que l'inclusion de nouveaux enjeux sociaux entraîne celle de nouveaux acteurs au sein du « multilatéralisme social », on peut alors se demander si la mise à l'agenda du patrimoine culturel dans le développement durable (inclusion d'un nouvel enjeu) ne risque pas de renforcer les autorités traditionnelles locales au détriment de l'État (inclusion de nouveaux acteurs) en ne soutenant plus des programmes étatiques, mais des initiatives locales.

Annexe 1 : Le système de la Banque Culturelle

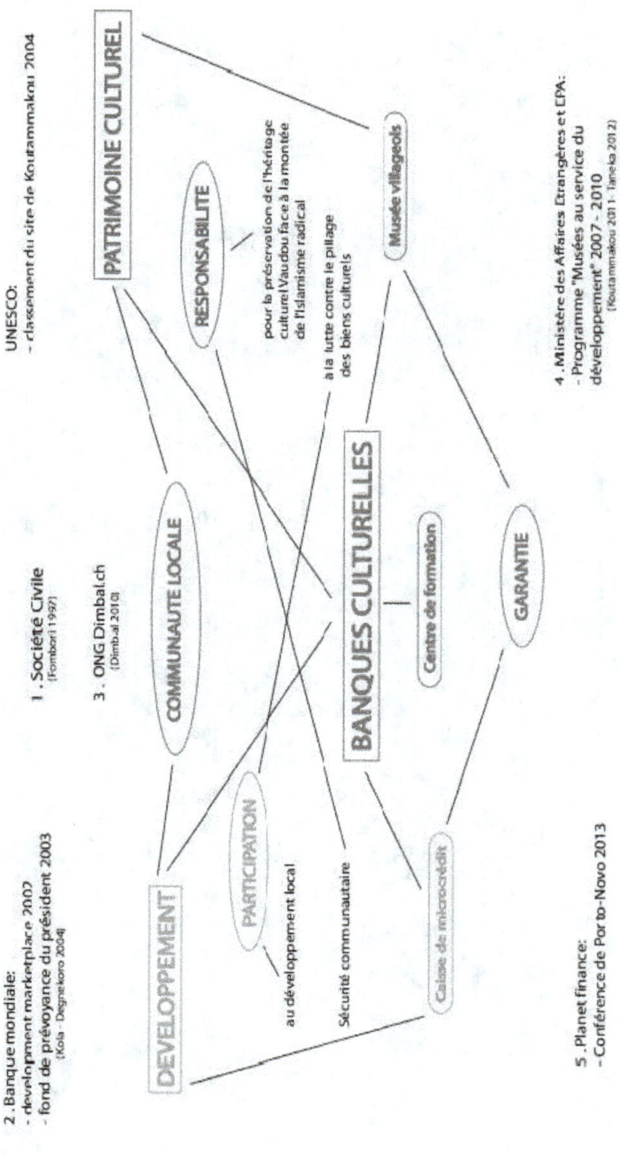

Annexe 2 : Chronologie de la mise à l'agenda de la Culture dans le Développement

1982	Tenue à Mexico de la Conférence mondiale sur les politiques culturelles, (MONDIACULT). L'un de ses principaux résultats a été l'élargissement du concept de culture, définie comme « l'ensemble des traits distinctifs spirituels et matériels, intellectuels et affectifs qui caractérisent une société ou un groupe social ». La culture englobe, outre les arts et les lettres, les modes de vie, les droits fondamentaux des êtres humains, les systèmes de valeurs, les traditions et les croyances.
1988	L'UNESCO, l'organisation du système des Nations Unies dotée d'un mandat dans le domaine de la culture, lance la Décennie mondiale du développement culturel, pour promouvoir l'inclusion de la dimension culturelle dans les politiques nationales et internationales de développement. Cette initiative a débouché sur l'élaboration d'instruments normatifs et d'outils de démonstration au niveau international.
1996	Publication du Rapport « Notre diversité créatrice » de la Commission mondiale sur Culture et développement mise en place par l'UNESCO et l'ONU. Ce rapport fait date car il définit de nouveaux objectifs pour la coopération internationale et rompt avec la conception assignant à la culture une place marginale. Il défend l'idée selon laquelle le développement englobe non seulement l'accès aux biens et aux services, mais aussi les possibilités données aux individus, où qu'ils vivent, de choisir une existence riche, satisfaisante et dont la valeur est reconnue et appréciée. Un programme international a été préconisé par le rapport pour transformer les stratégies de développement classiques.
1998	Conférence intergouvernementale sur les politiques culturelles pour le développement (Stockholm) : elle définit un nouvel agenda mondial de politiques culturelles pour le développement appelant la mise en place de mécanismes de coopération internationale ainsi que des initiatives nationales en partenariat avec la société civile, qui se voit attribuer un rôle clé.
1999	Conférence intergouvernementale UNESCO-Banque mondiale « La culture compte : financements, ressources et économie de la culture dans le développement durable ». Cette conférence tenue à Florence reconnaît que la culture est un capital d'une importance décisive pour progresser dans la réalisation d'un développement et d'une croissance économique durables.
2001	Déclaration universelle de l'UNESCO sur la diversité culturelle : elle fait avancer la réalisation des objectifs définis dans le Plan d'action de Stockholm et, scelle un consensus mondial à travers son adoption à l'unanimité en même temps que des stratégies concrètes visant à intégrer la culture dans les politiques et programmes de développement
2003	Convention pour la sauvegarde du patrimoine culturel immatériel : elle encourage la coopération internationale au service de la sauvegarde du patrimoine culturel immatériel, lequel est perpétuellement recréé par les communautés à mesure qu'évolue leur environnement, et constitue un creuset de la diversité culturelle et un garant du développement durable (préambule) ; seul est pris en considération le patrimoine conforme à l'exigence d'un développement durable (art. 2)
2004	Le Rapport mondial sur le développement humain du PNUD intitulé « La liberté culturelle dans un monde diversifié » montre à quel point le monde est devenu un lieu de diversité et d'inégalité. Il avance l'idée selon laquelle la pauvreté, sous ses formes multiples, est souvent liée à des problèmes d'accès aux opportunités et aux connaissances qui affectent tout particulièrement les minorités sociales, ethniques et religieuses. Il préconise l'adoption de politiques multiculturelles respectant la diversité et contribuant à l'édification de sociétés plus inclusives
2005	Convention sur la protection et la promotion de la diversité des expressions culturelle : elle reconnaît que la culture est un pilier du développement durable (art. 13) et établit le cadre juridique et les mécanismes opérationnels visant à favoriser l'émergence d'un secteur culturel dynamique dans les pays en développement par le biais de la coopération internationale pour le développement (art. 14, 18) Le Document final du Sommet mondial de 2005 sur les OMD adopté par l'Assemblée générale des Nations Unies, prend acte de la diversité du monde et reconnaît que toutes les cultures contribuent à l'enrichissement de l'humanité (para 14)

Annexe 2 : Chronologie de la mise à l'agenda de la Culture dans le Développement

2006	Le volet thématique « Culture et développement » du Fonds pour la réalisation des OMD (F-OMD) représente un investissement expérimental et innovant majeur dans des projets à grande échelle concernant le rôle de la culture dans le développement, dans le cadre duquel un soutien est apporté à des programmes nationaux en la matière pour un montant total de 95 millions de dollars des Etats-Unis
2007	Promotion des droits culturels par la Convention de Fribourg
2009	Rapport Investir dans la diversité culturelle et le dialogue interculturel. Création de la Batterie d'indicateurs de la Culture pour le Développement.
2010	Le Document final du Sommet du millénaire des Nations Unies de 2010 sur les OMD adopté par l'Assemblée générale des Nations Unies, reconnaît explicitement la contribution de la culture à la réalisation des Objectifs du Millénaire pour le développement (OMD), ainsi qu'au développement (para 16 et 66) Pour la première fois, une Résolution de l'Assemblée générale des Nations Unies sur Culture et développement (Rés. 65/166) souligne explicitement le rôle de la culture dans le développement durable et dans la réalisation des objectifs nationaux et internationaux de développement, y compris les OMD
2011	L'Assemblée générale des Nations Unies adopte la Résolution 66/208 sur Culture et développement et réaffirme que la culture est un facteur important d'intégration sociale et de lutte contre la pauvreté, qui permet d'assurer la croissance économique et l'appropriation des activités de développement. Proclamation de la Diversité Culturelle comme Patrimoine Mondial de l'Humanité

Sources :
-UNESCO, Culture et Développement, ressources électroniques : http://www.unesco.org/new/fr/culture/themes/culture-and-development/
-WEBER, Raymond, Culture et Développement : vers un nouveau paradigme ? Présentation des backgrounds papers du Campus, Maputo : Campus euro-africano de cooperaçao cultural, 22 juin 2009

Annexe 3 : Chronologie des programmes de l'UNESCO mis en œuvre pour la protection du patrimoine culturel africains

1946	Création du « Conseil International des musées » par l'UNESCO pour la promotion et le développement des musées à l'international
1948	Publication de « Museum International », revue trimestrielle pour l'échange d'informations et de connaissances entre professionnels des musées et du patrimoine
1960	Sauvetage du temple d'Abou Simbel des eaux du barrage d'Assouan qui signe pour l'UNESCO l'acquisition d'une légitimité en matière de protection du patrimoine
1970	Création du « Centre de documentation et de recherches d'Ahmed-Baba » (Cedrab) par l'UNESCO à Tombouctou pour inventorier les manuscrits de Tombouctou
1977	Création par l'UNESCO, de la « Journée Internationale des musées » célébrée le 18 mai, trois de ces célébrations ont été consacrée à l'Afrique à ce jour : 1993 « Musées et peuples autochtones », 1997 et 1998 « Lutter contre le trafic illicite de biens culturels » et 2004 « Musées et patrimoine immatériel »
1991	Organisation de rencontres entre plus de 120 professionnels de musées au Ghana, Togo et Bénin par l'ICOM dans le cadre du programme AFRICOM, celui-ci aboutit à la création d'un répertoire des professionnels de musées en Afrique en 1993, de l'étude Pillage en Afrique en 1994, de l'ouvrage L'autonomie des musées en Afrique en 1995 et à la mise en place d'ateliers sur la lutte contre le trafic des biens culturels (MEPOA)
1997	Création par l'UNESCO d'une Liste Rouge des objets archéologiques africains menacés par le pillage
1999	AFRICOM devient le Conseil International des musées africains », une organisation indépendante qui siège à Nairobi
2006	Mise en place du « Fonds africain du patrimoine mondial » en Afrique du Sud pour améliorer la préservation du patrimoine culturel d'Afrique de l'Ouest et pour promouvoir la prise en compte des sites africains sur la liste du Patrimoine Mondial et lancement du projet « DigiArts Afrique Studio » pour exposer de manière virtuelle les œuvres contemporaines d'artistes africains

Sources : MAUREL, Chloé. Que fais l'UNESCO pour le patrimoine culturel africain, *Africultures*, 2007, vol 70, n°1, pp. 150-157

Annexe 4 : Socio-génèse du modèle de la Banque Culturelle

Dates/Acteurs	Evènement	Société Civile	Gouvernements	Organisations gouvernementales	Organisations régionales	ONG	OI
1992	Création d'une coopérative de femmes à Fombori	Aissata Ongoiba, reprend le modèle d'une coopérative de femmes dans le village de Songho (pays Dogon)					
1995	Ouverture du musée communautaire de Fombori		Appui des partenaires techniques Musée national du Mali, Direction nationale des Arts et de la Culture	Félix Cross et Todd Crosby, du Peacecorps contribuent à la construction du musée		Mariam Ouologem (ONG « gestion aménagement du territoire (GAT) ») contribuent à la création du musée	Appui des bailleurs de fond : USAID, USC Canada
1997	Ouverture de la Banque Culturelle de Fombori						
1999						Création de l'ONG « le fond pour la conservation de la culture africaine ACCF » pour pérenniser la BC	
2002						Evaluation de la BC de Fombori par ACCF et le WAMP	Participation d'ACCF au « development marketplace » organisé à Washington par la Banque Mondiale et obtention d'un prix permettant la construction de 2 nouvelles banques culturelles à Degneko et Kola
2003							Allocation du fond de prévoyance de James Wolfensohn et création d'un équipe malienne par la

							Banque Mondiale : APBC
2004	Ouverture des Banques Culturelles de Kola et Degnekoro					Réhabilitation des bâtiments des BC de Kola et Degneko par l'ONG Karité International	Inscription du site de Koutammakou au Patrimoine Mondial de l'UNESCO
2010	Ouverture de la Banque Culturelle de Dimbol					Création de la Banque Culturelle de Dimbol par l'ONG Dimbal [illegible]	Organisation par l'Ecole du Patrimoine Africain et le MAE français d'un appel à projet en vue de la création de deux nouvelles Banques Culturelles
2011	Ouverture de la Banque Culturelle de Koutammakou						
2012	Ouverture de la Banque Culturelle de Tanéka						
2013						Prestation de 6 jours en mai de Planetfinance Benin pour la professionnalisation des activités de micro-crédit de la Banque Culturelle	Evaluation des Banques Culturelles de Dimbal et Fombori par l'UNESCO

Annexe 5 : Tableau comparatif des caractéristiques particulières de chaque Banque Culturelle

	Fombori	Kola	Degnekoro	Dimbal	Koutammakou	Tanéka
Dates de création	1997	2003	2003	2010	2011	2012
Région	Douentza	Bougouni	Dioila	Bankass	Koutammakou	Tanéka
Coordinateur	Cissé Alou	(pas d'information)	(pas d'information)	Elin Tessougue	Badoulou Karka Alizim	Alassane Zoumarou
Statut	Musée privé communautaire sous l'égide du Ministère de la Culture et de la Communication/ direction nationale des Arts et de la Culture			ONG Dimbal.ch	Statut non défini	ONG CeCiTa
Financeurs	USC Canada, USAID	Banque Mondiale	Banque Mondiale	Dimbal.ch	MAE par le FSP « Musées au service du développement »	MAE par le FSP « Musées au service du développement »
Soutiens						-Cocita ONG: Cercle Référentiel des Acteurs Culturels de la Donga (CRACuD) -UNESCO par Alain Godonou
Particularité		Civilisation bamanan animistes dans laquelle les hommes sont chefs de cultes: les femmes déposent donc plus d'objets mais reçoivent moins d'argent	Civilisation bamanan animistes dans laquelle les hommes sont chefs de cultes: les femmes déposent donc plus d'objets mais reçoivent moins d'argent		-Site classé au patrimoine mondial de l'UNESCO -festival Festamber en 2011	-"FesTra Arts" -le Conservatoire de la Civilisation Tanéka a implanté un jardin botanique d'une superficie d'environ 10 hectares, à Tchouchouhou (Tanéka Béri) -Cinquante (50) groupes de musiques et de danses traditionnelles du Département de la Donga sont associés
Composition	-3 salles d'exposition: 1) expo permanente: histoire Dogon, 2) expo temporaire: parures des femmes Dogon, 3) expo temporaire: salle transculturelle -une boutique artisanale -une salle				3 takientas : art et technologie, croyances et rites initiatiques, vie quotidienne	3 cases : attributs du pouvoir, chasse et pêche, percussions traditionnelles

| 1

	d'alphabétisation, bibliothèque, lieu de formation.					
Projet						-l'extension et l'équipement du musée - la mise en œuvre du projet «Mon musée à l'école»: création d'une bibliothèque au musée et d'un centre artisanal au cœur de la banque culturelle -l'octroi de microcrédits pour atteindre au moins mille trois cent cinquante (1.350) bénéficiaires soit un montant de financement de cinquante mille (50.000 F Cfa) pour les microcrédits individuels et 2.000.000 F Cfa pour les associations ou groupements d'intérêt économique.

Annexe 6 : Tableau récapitulatif des activités économiques des Banques Culturelles

BC/ date	Nombre de villages	Nombre de prets	Nb de prets sans objets	Nb d'objets sans prets	Nb d'objets déposés	Nb de bénéficiaires	Taux de remboursement	Taux d'interêt	Capital initia	Montant des prets	Montant total des pret					
Fombori																
1997/2002		451				42 femmes/ 28 hommes	94% (97% F et 90% H)	3,00%			142795					
Kola																
2004						69 femmes/40 hommes				3.410.500 CFA	6.714.500 CFA					
2005						51 femmes/ 35 hommes				2.954.000 CFA						
2006						11 femmes/ 6 hommes				350.000 CFA						
Dagnekoro																
2004						70 femmes/ 64 hommes				2.727.500 CFA						
Dimbal																
2008	13	51				7 femmes/ 44 hommes	très bas			396.000 CFA						
2009	17	51				4 femmes/ 47 hommes	très bas			127.250 CFA						
2010	4	4				1 femme/ 3 hommes	très bas			12.000 CFA						
2011	8	15				1 femme/ 14 hommes	100,00%	33.700		168.000 CFA						
2012	28	86				24 femmes/ 62 hommes	100,00%	137.900		689.500 CFA						
2013	26	142				19 femmes/ 23 hommes	64,00%	213.800		1.648.000 CFA						
Tanéka																
2012	7	52			149											

Sources : Données recueillies sur le terrain ou lors des entretiens avec les coordinateurs des Banques Culturelles

Sources : Les six tableaux ont été élaborés à l'aide d'un ensemble de sources citées dans les notes de bas de page des parties correspondantes.

Article de Todd Crosby et Katharina Ebbe, « The Culture Bank : a community based museum provides micro-credit » *Cultural*

THE

Culture Bank

A COMMUNITY-BASED MUSEUM PROVIDES MICRO-CREDIT

THE PEOPLE OF FOMBORI, in Mali, are using their cultural artifacts as collateral for loans to preserve their heritage and provide cash for the locals.

BY TODD VINCENT CROSBY AND KATRINKA EBBE

IN 1993, WHILE VISITING RELATIVES IN A NEARBY VILLAGE in Northern Mali, Assiata Ongoiba was amazed to see the amount of money the local women made by organizing an exhibit and selling their crafts to passing tourists. Back home in the small Dogon village of Fombori (population 1,000), she told her women's group how willingly tourists bought carved statues and masks, beaded gourds and hand-woven materials. She cautioned, however, that the foreigners were also very interested in buying traditional ceremonial objects that should stay in the village rather than be treated as souvenirs. Perhaps Fombori–just three kilometers southeast of the important market town of Douentza, could improve on its sister village's innovation by establishing a museum where tourists could see ceremonial artwork and purchase women's handicrafts.

Serious planning for the museum and gift shop began in 1994 when a grant of US$2,676 was secured from the U.S. Agency for International Development. The local Peace Corps volunteer agreed to provide planning and technical assistance. Logistical support was contributed by Canada's Unitarian Service Committee (USC) which had been working with local women's groups through the *Gestion Amenagement de Terrior* project, supporting women's literacy, savings/credit and income-generating programs. There were many meetings among the women's group, Peace Corps volunteers, village elders, a local nongovernmental organization, the town council and the district cultural officer. A site visit was also made to the National Museum of Bamako. Finally, a five-room mud-and-brick museum was built by the village men over the course of the next two dry seasons. The townspeople then elected a board of directors to oversee the museum's operation.

Opened in 1996, the museum at first received a great deal of attention from government officials, national radio and TV reporters, and local visitors. It soon became apparent, however, that there would not be enough tourists to generate the income needed for operations. Furthermore, many villagers were reluctant to place their ceremonial objects in the museum. The building was soon closed unless visitors were expected. Subsequently, the building was invaded by termites. Only five months after inauguration, the museum objects had to be evacuated.

The village then reevaluated the museum's design and purpose. It was decided that the museum must become not only financially viable, but also a positive focal point of interest for the community. It was also clear that an incentive was needed to encourage villagers to deposit their possessions in the museum.

During the discussions, the concept of a "Culture Bank" was born when the village decided to establish a program of credit in exchange for the display of ceremonial objects. The village also decided to improve the museum's infrastructure and to change the museum's tourist orientation to a local one, so it would conduct activities of interest to the surrounding population.

During the winter and spring of 1997, the villagers renovated the interior of the museum using termite-resistant materials, improved the ventilation system to control humidity and temperature, and cemented the roof to protect against rain. The remainder of the original grant ($390) was earmarked for financing Culture Bank loans. The villagers set the lending ground rules and elected a board of directors to manage the cash flow.

Today, individuals can qualify for a loan of $5 to $40 when they bring a family object to the museum as collateral. The size of the loan depends on the amount of verifiable historical information provided about the object. Upon repayment of the loans (four to six months), the owners have the choice of reclaiming their objects or leaving them in the museum's collection for other loans of increased value. The accumulated interest from the loans will be used to finance the bank/museum operation and conduct an activities program that includes artisan workshops, concerts, theater presentations and traditional festivals, as well as literacy classes and health seminars.

So far, 100 percent of the loans have been repaid. However, Fombori has found that a loan fund of under $400 was insufficient to generate the income needed to cover the museum's program of activities. This year, the museum/bank received an infusion of $4,000 from the West African Museums Programme for these activities and USC has provided a museum specialist. The museum expects to be self-sufficient in five years. In the meantime, six other villages have written proposals to develop their own Culture Banks.

Fombori's Culture Bank has become a means of transforming the community's cultural resources into a lasting economic vehicle without relying on tourism, the illicit sale of artifacts or constant outside funding. It has also cultivated awareness of and respect for tradition, and made cultural preservation financially sustainable in this isolated, rural community. ■

Todd Vincent Crosby is a Peace Corps volunteer. He has been involved in the Culture Bank since its inception. Katrinka Ebbe works with the World Bank's Special Programs Vice Presidency focusing on culture and development.

Annexe 8

Rapport final du projet « banking on culture » à la Banque Mondiale, Pietronella Van den Oever, février 2005

RAPPORT FINAL – LA BANQUE CULTURELLE AU MALI

Février 2005

Par Pietronella van den Oever

Nom du projet:

La Banque Culturelle au Mali

Allocation du Fond de Prévoyance du Président:

$228,000 pour la durée du projet Septembre 2003 – Novembre 2004

Autres sources de financement
WBIEN, Karité International

Situation du projet (Veuillez décrire les résultats du projet, raisons pour les changements importants, produits, et enseignements.) :

Contexte

Le but du projet de la Banque Culturelle au Mali est double. La préservation de la culture, ainsi que l'augmentation des revenus des villageois. Le projet consiste en trois piliers : (1) un musée villageois où sont conservés les objets de l'artisanat local, (2) un programme de micro-crédit par loquel des prêts sont accordés en échange d'objets artisanaux du village, et (3) un programme pour la revitalisation de l'artisanat local et la fabrication d'autres produits pour la vente et l'utilisation quotidienne.

Pendant la période de Septembre 2003 à Novembre 2004, des programmes de la Banque Culturelle ont été établis dans les villages de Degnekoro et Kola dans le sud du Mali. Le projet, financé par un don du Fond de Prévoyance du Président de la Banque Mondiale, a été effectué sous l'égide de l'Institut de la Banque Mondiale (WBI). L'accent a été mis sur le renforcement d'une équipe d'experts maliens capables de continuer et de renforcer l'initiative de la Banque Culturelle au Mali, et d'établir des comités villageois bien préparés pour l'autogestion des programmes pilotes dans les deux villages.

Annexe 9

Le paysage culturel de Koutammakou, pays des Batammariba

Annexe 10. La « *takienta* »

Annexe 11. Musée de la Banque Culturelle de Tanéka

Annexe 12. Parure pour l'initiation des jeunes filles Batammariba

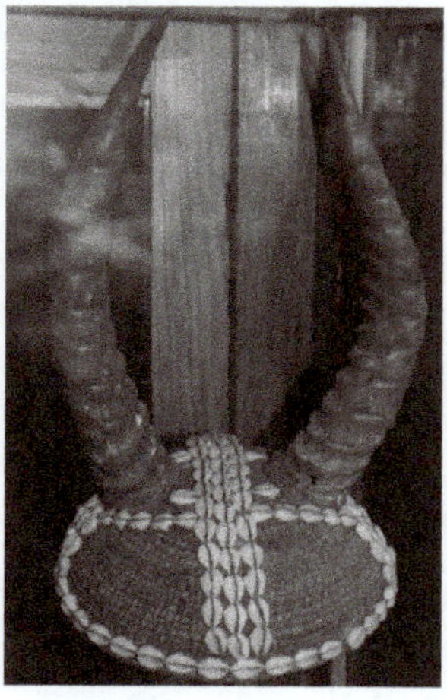

Source. Photographies prises par l'auteur avec l'accord des coordinateurs des Banques Culturelles de Koutammakou et de Tanéka.

SOURCES DOCUMENTAIRES

1. Documents issus des banques culturelles

Document de création

Koutammakou

Banque Culturelle de Koutammakou. Statuts de la Banque Culturelle du Koutammakou (BCK), Assemblée générale de la Banque Culturelle, 14 octobre 2009.

Banque Culturelle de Koutammakou. Projet de création d'une Banque Culturelle dans le pays Koutammakou (Togo).

Tanéka

Centre béninois d'assistance et de conseils aux entreprises. Lettre de mission n° 002/LM/ONG/CBACE/12, Centre de gestion agréé à compétence nationale, 18 octobre 2012.

CoCiTa. Déclaration d'association « ONG conservatoire de la civilisation Tanéka » (CoCiTa-ONG), Journal officiel de la République du Bénin, 15 septembre 2011.

CoCiTa. Récépissé de la déclaration d'ONG, ONG conservatoire de la civilisation Tanéka, 19 novembre 2009.

CoCiTa. Règlement intérieur du Conservatoire de la civilisation Tanéka.

CoCiTa. Statut du Conservatoire de la Civilisation Tanéka.

DEGBEY, Casimir A., Attestation d'agrément du directeur général du fonds de développement du patrimoine culturel, 25 octobre 2012.

Documents de fonctionnement

Koutammakou

Banque Culturelle de Koutammakou. Procès-verbal de l'assemblée générale de la Banque Culturelle du Koutammakou du 14 octobre 2009.

Banque Culturelle de Koutammakou. Rapport sur l'état de conservation du site Koutammakou, 20 aout 2012.

Tanéka

CoCiTa. Procès verbal de l'assemblée générale, 15 décembre 2012.

CoCiTa. Statistiques de fréquentation de l'exposition de la Banque Culturelle Tanéka.

CoCiTa. Cahier du recouvrement des microcrédits, manuscrit photocopié.

CoCiTa. Cahier des recettes et dépenses, manuscrit photocopié.

CoCiTa. Cahier d'identification des ONG intervenant dans le sous-secteur de l'enseignement secondaire, de la formation technique et professionnelle, de la reconversion et de l'insertion des jeunes, MESFTPRIJ/DPP.

2. Documents issus de la Banque Mondiale

Documents généraux

WOLFENSOHN, James D. Remarks at Culture Counts : A conference on financing, resources, and the economics of Culture in sustainable development, Florence, Italy, October 4, 1999 In *Voices for the World's poor : selected speeches and writings of World Bank's president James D. Wolfensohn*1995-2005, Washington DC : World Bank, pp. 168-174.

WOLFENSOHN, James D. *A Global life : my journey among rich and poor, from Sydney to Wall Street to the World Bank*, New York: Public Affairs, 2010.

Documents de création des Banques Culturelles

DELL, Jerri, MONNET, Marguerite. Mali- Banking on culture initiative- mission of september 5 to 12 2003, mail à Pietronella Van den Oever, 26 mai 2004.

VAN DEN OVER, Pietronella. Compte rendu de la discussion avec James Wolfensohn, mail à Marguerite Monnet, 16 juin 2004.

CESI/World Bank Institute. Vidéoconférence : Washington-Bamako, Ordre du jour, 15 janvier 2004.

CESI/ World Bank Institute. Project system module, Project details at a glance.

CESI/ World Bank Institute. Les manuels de formation de la Banque Culturelle notes.

CESI/ World Bank Institute. Informations needed for Banques Culturelles Website, notes http://www.banqueculturelle.org/.

Documents de fonctionnement

Guide de la Banque Culturelle

KEITA, Daouda. Guide de la Banque Culturelle In *La Banque Culturelle Mali*, CESI-World Bank Institute, 2005.

Manuel du formateur

MACALOU, Boubacar. Manuel du formateur : la commercialisation des produits, CESI-World Bank Institute, septembre 2004.

VAN DEN OEVEN, Pietronella. Rapport final In *La Banque Culturelle- Mali*, CESI-World Bank Institute, 2005.

YATTARA, Aldiouma Baba Mory et KEITA, Daouda. Musée villageois : manuel du formateur, CESI-World Bank Institute, septembre 2004.

Rapport de mission

MACALOU, Boubacar. Mission préparatoire de renforcement des capacités des Banques Culturelles, Rapport d'évaluation des Banques Culturelles au Mali, WBI/ CESI, septembre 2003.

DELL, Jerry and MONNET, Marguerite. Status report : Banking on Culture initiative, Mali, WBI/ CESI 5-12 septembre 2003.

KEITA, Daouda. Rapport de mission à Kola, WBI/CESI, octobre 2003.

COULIBALY, Moussa. Rapport de mission à Fombori, WBI/CESI, décembre 2003.

KEITA, Daouda et YATTARA, Aldiouma. Rapport de Mission d'évaluation des besoins de formation pour les Banques Culturelles de Kola et Degnekoro, Volet Musée, WBI/CESI, décembre 2003.

Statuts report : Banking on Culture initiative, WBI/CESI, janvier 2004.

COULIBALY, Moussa. Rapport de mission à Fombori, Volet artisanat, WBI/ CESI, 4-13 février 2004.

KEITA, Daouda. Rapport de Mission à Kola et Degnekoro, Volet musée, WBI/CESI, mars 2004.

COULIBALY, Robert et Sefa. Rapport de mission à Kola, WBI/CESI, avril 2004.

KEITA, Daouda et YATTARA, Aldiouma. Rapport de mission et de suivi des travaux de reconstruction des Banques Culturelles à Degnekoro et Kola, Projet de renforcement des capacités des Banques Culturelles du Mali, Volet Musée, WBI/CESI, mai 2004.

COULIBALY, Moussa. Rapport de mission à Kola et Degnekoro, Volet artisanat, WBI/CESI, mai 2004.

Sites

Banque Mondiale. Présentation du projet « Building créative communities in Mali » :
http://wbi.worldbank.org/wbdm/idea/building-creative-communities-mali.

3. Documents issus de l'UNESCO

Documentation sur le site de Koutammakou

UNESCO. Proposition d'inscription de biens sur la liste du patrimoine mondial, Koutammakou le pays des Batammariba (ceux qui façonnent la terre), République du Togo, janvier 2002.

UNESCO. Évaluations des biens culturels préparées par l'ICOMOS, 28e session ordinaire, Comité du patrimoine mondial, 28 juin-7 juillet 2004.

UNESCO. 2e protocole relatif à la Convention de La Haye de 1954 pour la protection des biens culturels en cas de conflit armé, Comité pour la protection des biens culturels en cas de conflit armé, Huitième réunion Siège de l'UNESCO, Paris 18 au 19 décembre 2013, Point 7 de l'ordre du jour provisoire : Rapport sur l'utilisation de l'assistance financière octroyée au Mali au titre du Fonds pour la protection des biens culturels en cas de conflit armé.

UNESCO. Proposition d'inscription de biens sur la liste du patrimoine mondial : Koutammakou, le pays des Batammariba, République du Togo/UNESCO, janvier 2003.

UNESCO. Plan de conservation et de gestion du Koutammakou (2002-2012), ministère de la Culture du Togo- CRAterre, octobre 2004.

UNESCO. Déclaration de la valeur universelle exceptionnelle du Koutammakou.

N'KERE, Komi, Cartes du Koutammakou : Aires sacrées, limites, itinéraires, Projet de sauvegarde du patrimoine culturel immatériel des Batammaribas du Koutammakou, UNESCO.

Sur la conservation préventive mise en œuvre dans les Banques Culturelles

CRAterre-ENSAG/ Convention France-UNESCO. *Patrimoine culturel et Développement local, Guide à l'attention des collectivités locales africaines*, septembre 2006.

UNESCO/EPA. La Mise en réserve des collections de musées, 1980.

UNESCO/EPA. Préservation et manipulation des manuscrits, 2006.

UNESCO/EPA. La Sécurité dans les musées, 2006.

UNESCO/ EPA. La Documentation des Collections de Musées. Pourquoi ? Comment ? Guide pratique, EPA-UNESCO-ICCROM-ILAM, 2010.

UNESCO. La Manipulation des collections en réserve, 2010.

Sur la protection des biens culturels pendant le conflit malien
UNESCO. *Toward a UNESCO suite on indicators on Culture and Development*, Literature Review, February 2010.
UNESCO. Declaration Concerning the Intentional Destruction of Cultural Heritage, 17 octobre 2003.
UNESCO. La directrice exhorte les forces militaires à protéger les sites culturels au Mali lors des raids aériens et interventions terrestres, 14 janvier 2013, http://whc.unesco.org/fr/actualites/975/
UNESCO. Passeport patrimoine, 4 février 2013, https://fr.unesco.org/publications/passeport-patrimoine-mali

4. Documents issus de l'École du Patrimoine africain

Rapports
ALIZIM, Badoualou Karka. *Rapport de mise en œuvre de la Banque Culturelle du Koutammakou (Togo)* avec le soutien financier et technique du programme MSD et de l'EPA
TOFFOUN, Diane. *Séminaire régional sur les banques culturelles du Mali Sévaré, Mali*, Rapport général N° 07du 10 au 14 mars 2008.
TUBLU, Komi N'kégbé Fogâ, GODONOU, Alain. *Rapport d'atelier : Patrimoine matériel et immatériel*, 22 et 23 juin 2009.
EPA. *Rapport de mission technique pour la création de banques culturelles dans le pays Koutammakou (Togo*), Programme « Les musées au service du développement » (MSD), janvier 2009.
EPA. *Fiche technique du séminaire régional sur les banques culturelles du Mali Sévaré*,
http://www.epaprema.net/index.php/fr/?option=com_content&view=article&id=78:seminaire-sur-les-banques-culturelles&catid=2

Publications :
TUBLU, Komi N'kégbé Fogâ. *Le développement local par la coopération internationale sur le Koutammakou au nord-Togo*, EPA.

5. Documents issus de Dimbal.ch

Documents de création des Banques Culturelles
Dimbal.ch. *Préservation du patrimoine culturel en pays dogon*, Projet soumis à l'Office fédéral de la Culture le 31 mars 2010.
Dimbal.ch. *Préservation du patrimoine culturel en pays dogon*, Premier rapport intermédiaire, 31 mars 2011.

Dimbal.ch. *Préservation du patrimoine culturel en pays dogon*, Deuxième rapport intermédiaire, 15 décembre 2011.

Dimbal.ch. *Préservation du patrimoine culturel en pays dogon*, Rapport final, 15 mars 2013.

Documents de fonctionnement des Banques Culturelles

Dimbal.ch. Lettre d'information, 13 avril 2007.

MAYOR, Anne, Lettre d'information annuelle 2011, Dimbal.ch, juin 2012.

MAYOR, Anne, HUYSECOM, Eric. Community archaeology and cultural banks in dogon country, Mali (à paraître).

Site internet de Dimbal.ch,
http://www.dimmbal.ch/064_ProjetActuel.htm

Film, « Les mots délivrent », passage sur la Banque Culturelle de Dimbal, Association A la chaine.ch,
http://www.darksite.ch/alachaine/spip/spip.php?article110

6. Documents issus du ministère des Affaires étrangères français

Rapports, Déclarations et Communiqués de presse

SAURET, Julie. Note à l'attention de Mr Pascal Canfin, ministre délégué chargé du développement, Paris : Direction générale de la Mondialisation, du développement et des partenariats, 10 juillet 2013.

GOURIN, Myriam. Présentation à la commission économique de l'OIF, Paris : Direction de la coopération culturelle, universitaire et de la recherche, 17 octobre 2013.

Atelier de réflexion sur les Banques Culturelles : opportunités d'un partenariat avec les institutions de micro finance, Communiqué de presse, Visages du Bénin, 28 mai 2013
http://actualites.visages-du-benin.com/2013/05/28/atelier-de-reflexion-sur-les-banques-culturelles-opportunites-dun-partenariat-avec-les-institutions-de-microfinance/

Ateliers

Les Musées entre enjeux identitaires et enjeux économiques. Ministère des Affaires étrangères, 10-11 décembre 2012.

Le patrimoine en perspective au Togo et au Bénin, Acte des rencontres sur le patrimoine, 15 et 16 mai 2012 Lomé.

Atelier consacré aux Banques Culturelles du Mali, du Togo et du Bénin dans le cadre du programme « Mali+ : le patrimoine pour le développement ». Ministère des Affaires étrangères, 28-29 mai 2013.

http://www.diplomatie.gouv.fr/fr/politique-etrangere-de-la-france/diplomatie-culturelle-21822/les-saisons-culturelles-actualites/toutes-les-actualites-2013-liees-a/article/atelier-consacre-aux-banques

Ressources électroniques

Descriptif du FSP « Solidarité francophone » de 2013 au Mali avec un volet patrimonial consacré aux Banques Culturelles, http://www.data.gouv.fr/fr/dataset/projets-d-aide-de-la-france-au-mali

Conférence des donateurs pour le développement du Mali, 15 mai 2013, Bruxelles :

http://www.diplomatie.gouv.fr/fr/dossiers-pays/mali/la-france-et-le-mali/evenements-19439/article/conference-des-donateurs-pour-le-développement-du-Mali

7. Documents issus du Ministère de la Culture, de la Jeunesse et des Sports du Togo

Document de création

Ministère de la Culture, de la Jeunesse et des Sports du Togo. *Arrêté n° 010 portant inscription des sites et monuments sur la liste nationale des biens culturels.*

Ministère de la Culture, de la Jeunesse et des Sports du Togo. *Décret n° 2009-291/PR portant organisation exploitation et financement du fonds d'aide à la culture.*

Ministère de la Culture, de la Jeunesse et des Sports du Togo. *Projet de création d'une banque culturelle dans le pays Koutammakou.*

Ministère de la Culture, de la Jeunesse et des Sports du Togo. *Communication du ministre de la Communication et de la Culture en conseil des ministres relative au projet de Banque Culturelle sur le site de Koutammakou.*

Ministère de la Culture, de la jeunesse et des sports du Togo-Direction du patrimoine national. *Plan de conservation et de gestion 2002-2012 du Koutammakou le pays des Batammariba*, WAMP/ CRATerre-EAG, octobre 2004.

Document de fonctionnement

DJANGUENANE, Nayondjoua. *Communication sur le patrimoine mondial session pour le comité de gestion de la Banque Culturelle du Koutammakou*, 16 décembre 2009.

8. Ministère de la Culture, de l'Alphabétisation, de l'Artisanat et du Tourisme du Bénin

ZOUEME Serge David, « Le culturel aide l'économie à se développer dans un pays », dixit Baba Keita, directeur EPA, 9 décembre 2013,

http://portailculturebenin.com/actualite-affichage-460--%C3%82%C2%AB-Le-culturel-aide-l%C3%A2%EF%BF%BD%E2%84%A2%C3%83%C2%A9conomie-%C3%83%C2%A0-se-d%C3%83%C2%A9velopper-dans-un-pays-%C3%82%C2%BB,-dixit-Baba-Keita,-directeur-EPA.html

9. Peacecorps

Rapports

CROSBY, Todd Vincent and EBBE, Katrinka. The Culture Bank: A Community-Based Museum Provides Micro-Credit. *Cultural Heritage: an Urban Special Issue Urban Development Sector*, sept. 1998.

CROSBY, Todd Vincent. The Culture Bank: Saving Mali's Cultural Heritage. United States Peace Corps, Mali, 1997.

HUSTON, Perdita. Culture Bank Turns Mali Village's Art Into an Asset. International Herald Tribune, August 27, 1997.

Sites

Page de la Banque Culturelle de Fombori sur le site du Peacecorps :

http://www.peacecorps.gov/media/forpress/press/46/

10. Planetfinance

ORANGE, Eloïse. Compte rendu des échanges sur le volet micro finance des Banques Culturelles, 28 et 29 mai 2013.

Planetfinance. *Projet de programme (option A), Atelier de réflexion sur les Banques Culturelles focus sur le volet micro finance*, 28 et 19 mai 2013.

Planetfinance. *Savings products and services in the informal sector and microfinance institutions in West Africa: the case of Mali and Benin*, Zunia, 5 septembre 2005

http://zunia.org/post/savings-products-and-services-in-the-informal-sector-and-microfinance-institutions-in-west-afri

11. WAMP

GUEYE, El hadji Mbaye, *Rapport d'évaluation de la Banque Culturelle de Fombori* (Mali), décembre 2002.

ENTRETIENS

1. Membres des Banques Culturelles

Fombori

Cissé Alou, Coordinateur de la Banque Culturelle de Fombori, 30 décembre 2013, témoignage via courrier électronique.

Daouda Keita, Coordinateur de l'équipe de la Banque Culturelle du Mali en 2004, 14 mars 2014, entretien Skype.

Koutammakou

Badoualou Karka Alizim, Coordinateur de la Banque Culturelle et Gestionnaire du site de Koutammakou, les 9-10-11-12 janvier 2014, Koutammakou, siège de la Banque Culturelle, entretiens.

Comité de gestion de la Banque Culturelle de Koutammakou, 11 janvier 2014, Koutammakou, siège de la Banque Culturelle, entretien de groupe.

Émilienne, guide sur le site de Koutammakou, 10 janvier 2014, Koutammakou, visite du site de Koutammakou et entretien.

Guides du site de Koutammakou, 12 janvier 2014, Koutammakou, entrée du site classé, entretien de groupe.

Tanéka

Alassane Zoumarou, Coordinateur de la Banque Culturelle de Tanéka, les 13-14-15 janvier 2014, Tanéka, siège de la Banque Culturelle, entretiens.

Association Ghamba, potière de Tanéka, 14 janvier 2014, Tanéka, village de Copargo entretien de groupe.

Association Sourron Navra, transformatrice de beurre de Karité de Tanéka, 14 janvier 2014, Tanéka, village de Copargo, entretien de groupe.

Dimbal

Anne Mayor, Membre de la coopération suite à la Banque Culturelle de Dimbal, 17 mars 2014, entretien téléphonique.

2. Membres de la Banque Mondiale

Pietronella Van den Oever, ancienne membre senior du World Bank Institute, 5 février 2014, entretien via Skype et 18 avril 2014, échange de mails.

Jerri Dell, ancienne consultante du World Bank Institute's Community Empowerment and Social Inclusion team (WBI/CESI), 18 avril 2014, échange de mail.

Elaine Wolfensohn, spécialiste de l'éducation et épouse de James Wolfensohn, 27 avril 2014, entretien Skype.

3. Membres de l'EPA

Gaël de Guichen, ancien conseiller du directeur de l'ICCROM, 15 septembre 2013, entretien via Skype.

Aldiouma Yattara, directeur du musée du Gao et expert des Banques Culturelles à l'EPA et à la Banque Mondiale, 9-10-11 décembre 2013, Metz, siège du FRAC Lorraine, entretiens.

Diane Toffoun, chargée de programme médiation - Pôle Musées et PCI à l'EPA, 7 mai 2014, échange de mail.

4. Membres du ministère des Affaires étrangères

Étienne Cazin, Directeur de l'Institut français de Lomé, Conseiller de coopération et d'action culturelle, 17 janvier 2014, Lomé, Institut Français, entretien.

Myriam Gourrin, Pôle des partenariats et des politiques culturelles, Mission des échanges culturels et de l'audiovisuel extérieur de la Direction de la coopération culturelle, universitaire et de la recherché du Ministère des Affaires étrangères, 18 mars 2014, Paris, ministère des Affaires étrangères, entretien.

Anne Rabeyroux, responsable du pôle patrimoine mondial et Mark-Alexander Schreiweis, du Pôle Patrimoine mondial à la Direction générale de la mondialisation, du développement et des partenariats du Ministère des Affaires étrangères, 28 février 2014, Paris, ministère des Affaires étrangères, entretien.

Julie Sauret, Chargée de mission culturelle au ministère des Affaires étrangères, 25 juin 2013 et 18 mars 2014, Paris, ministère des Affaires étrangères, entretiens.

Danièle Wozny, ancienne responsable du Pôle patrimoine mondial de la Direction générale de la mondialisation, du développement et des partenariats du ministère des Affaires étrangères, 25 juin 2013 et 1er août 2013, Paris, ministère des Affaires étrangères, entretiens.

5. Membres du ministère de la Culture au Togo

Nayondjoua Djanguénane, ancien directeur de la Direction du Patrimoine au Ministère de la Communication, de la Culture, des Arts et de la Formation civique et directeur actuel de la délégation de l'OIF au Togo, 20 janvier 2014, Lomé, siège de la direction nationale de l'OIF, entretien.

Lucie Tijougouna, directrice de la direction du Patrimoine au Ministère de la Communication, de la Culture, des Arts et de la Formation civique, 19 janvier 2014, Lomé, Direction nationale du Patrimoine, entretien.

6. Membres de Planetfinance

Éloise Orange, chargée de projet micro assurance santé chez Planetfinance, 24 octobre 2013, entretien via Skype.

7. Personnel politique

Kofi Yamgnane, maire de la commune de St Coulitz et futur candidat à la présidentielle togolaise, 27 août, mairie de St Cloulitz, entretien.

BIBLIOGRAPHIE

1. Études de sociologie et de Relations internationales

Ouvrages

BADIE, Bertrand et SMOUTS, Marie-Claude. *Le retournement du monde : Sociologie de la scène internationale*, Paris : Presses de Sciences Po, 1992.

BADIE, Bertrand. *Un monde sans souveraineté*, Paris : Fayard, 1999.

BARNETT, Michael et FINNEMORE, Martha. *Rules for the world: international organizations in global politics*, Ithaca, Londres: Cornell University Press, 2004.

BECKER, Howard, *Outsiders : étude de sociologie de la déviance*, Paris : Métaillé, 1985.

CHARNOZ, Olivier, SEVERINO, Jean-Michel. *L'Aide publique au développement*, Paris : La Découverte, 2007.

CLING, Jean-Pierre, ROUBAUD, François. *La Banque Mondiale,* Paris : La Découverte, 2008.

CROZIER, Michel, FRIEDBERG, Erhard. L'acteur et le système. Les conditions de l'action collective. Paris : Seuil, 1977.

DEVIN, Guillaume, SMOUTS, Marie-Claude. *Les organisations internationales*, Paris : Armand Colin, 2011.

ELIAS, Norbert, *Qu'est-ce que la sociologie* ? La tour d'Aigues : Éditions de l'aube, 1991

FLICHY, Thomas (dir.). *Opération Serval au Mali, l'Intervention française décryptée,* Groupe SYNOPSIS du Centre de Recherches des Écoles de Coëtquida, Panazol : Lavauzelle, 2013.

GOFFMAN, Erving, *Les rites d'interaction*, Les Éditions de Minuit, Paris:1974.

HASSENTEUFEL, Patrick, *Sociologie politique : l'action publique*, Paris : Armand Colin, 2011 (2nd ed).

HAAS, Ernst, *When knowledge is power. Three models of change in international organization*, Berkeley: University of California Press, 1991.

HAAS, Ernst, *Beyond the nation state. Functionalism and International Organizations*. Standford: Standford University Press, 1964.

HUGON, Philippe, *L'économie de l'Afrique*, 7e édition, La découverte, 2010.

JAMOUS, Haroun. *Sociologie de la décision*, Paris : CNRS, 1969.

KUHN, Thomas. *La structure des révolutions scientifiques*, Paris : Flammarion, 1972.

NAY, Olivier, SMITH, Andy. Les intermédiaires en politique. Médiateurs et jeux d'institutions In *Le gouvernement du compromis. Courtiers et généralistes dans l'action politique*, Paris : Economica, 2002.

POLANYI, Karl. *La Grande transformation : aux origines politiques et économiques de notre temps*, Paris : Gallimard, 2009.

RIST, Gilbert. *Le Développement : histoire d'une croyance occidentale*, Paris : Presses de Sciences Po, 2007 (3e éd.).

RAMEL, Frédéric. *Les fondateurs oubliés : Durkheim, Simmel, Weber, Mauss et les relations internationales,* Paris : Presses universitaires de France, 2006.

ROSENAU, James, CZEMPIEL, Ernst-Otto (eds.), *Governance without government : order and change in world politics,* Cambridge: Cambridge University Press, 1992.

ROSENAU, James, *Along the domestic-Foreign frontier : exploring governance in a turbulent world,* Cambridge: Cambridge University Press, 1997.

RIST, Gilbert, *Le Développement : histoire d'une croyance occidentale*, Paris : Presses de Sciences Po, 2007 (3e éd.).

TONNIES, Ferdinand. *Communauté et Société : catégories fondamentales de la sociologie pure*, Paris : Presses universitaires de France, 1944.

Chapitres de livre

BADIE, Bertrand. Le Jeu triangulaire In BIRNBAUM, Pierre (dir.), *Sociologie des nationalismes*, Paris : PUF, 1997, pp. 447-462.

DURKHEIM, Émile, *De la division du travail social* [1930], Paris : PUF, 2004 (6e éd.).

FABER, Miant Jan et DEKKER, Martin, Violent conflict and the individual security dilemma, in MARTIN, Mary et OWEN, Taylor, *Routledge Handbook of Human Security*, London: Taylor and Francis Group, 2014, pp. 132-134.

KILLE, Kent. Secretaries-General of International Organization. Leadership capacity and qualities In REINALDA, Bob (dir.), 2013, *Routledge Handbook of International Organization*, Londres, Routledge, pp. 218-230.

MAUSS, Marcel. Essai sur le don. Forme et raison de l'échange dans les sociétés archaïques In *Sociologie et anthropologie*, Paris : PUF, 1968 [1923-1924], chapitre 2, pp. 146-279.

LEANING, Jennifer. Human security and war, in MARTIN, Mary et OWEN, Taylor, *Routledge Handbook of Human Security*, London: Taylor and Francis Group, 2014, pp. 159-173.

LEAUTIER, Frannie. Creating the knowledge bank In KAGIA, Ruth. *Balancing the development agenda: the transformation of the World Bank under James D. Wolfensohn,* Washington DC: World Bank, 2005, pp. 1-10.

RAMEL, Frédéric, La coalition en faveur de la CPI et l'internalisation du Statut de Rome : une série de relativités In SHEMEY, Yves. *Normer le monde,* Paris : L'Harmattan, 2009, pp. 237-257.

RAMSBOTHAM, Olivier, WOODHOUSE, Tom. Introduction to conflict resolution: concepts and definitions In *Contemporary Conflict Resolution,* Cambridge: Cambridge polity press, 2011, pp. 3-31.

Dictionnaires

DORTIER, Jean-François. *Dictionnaire des sciences sociales,* Auxerre : Sciences Humaines, 2013.

SMOUTS, Marie-Claude *et al.* Dictionnaire des Relations Internationales, Paris : Dalloz, 2006 (2ème ed).

Articles scientifiques

ABBOTT, Kenneth W., KEOHANE, Robert O., MORAVIVSCIK, SLAUGHTER, Anne-Marie, SNIDAL, Duncan, The concept of legalization, *International Organization*, 2000, vol. 54, n° 3, p. 401-419.

ABRAHAM-FROIS, Gilbert et DESAIGUES, Brigitte. Du 'consensus de Washington' au 'consensus Stiglitzien'. *Revue d'économie politique,* 2003, vol. 113, n° 1, pp. 1-13.

AUTESERRE, Séverine. Hobbes and the Congo : frames, local violences, and international intervention, *International Organization,* 2009, vol. 63, pp. 249-280.

BASTY, Florence. La sécurité humaine : Un renversement conceptuel pour les relations internationales, *Raisons politiques,* 2008, vol. 32, n° 4, pp. 35-57.

BERGAMASCHI, Isaline. « Appropriation » et « lutte contre la pauvreté » au Mali : interprétations, pratiques et discours concurrents, *Revue Tiers Monde,* 2011, vol. 205, n° 1, pp. 135-150.

BERNSTORFF, Jochen. 'Land Grabbing' und Menschenrechte: die FAO Voluntary Guidelines on the Responsible Governance of Tenure, *INEF Forschunggsreihe Menschenrechte*

Unternehmensverantwortung und Nachhaltige Entwicklung, 2012, n° 11, pp. 2-20.

BERTIN, Alexandre. La pauvreté comme privation de capabilités. *Regards croisés sur l'économie,* 2008, vol 4, n° 2, pp. 43-45.

CALVES, Anne-Emmanuèle. "Empowerment" : généalogie d'un concept clé du discours contemporain sur le développement. *Revue Tiers Monde*, 2009, vol. 200, n° 4, pp. 735-749.

CLING, Jean-Pierre *et al.* La Banque mondiale et la lutte contre la pauvreté : « tout changer pour que tout reste pareil ? », *Politique africaine*, 2002, vol. 87, n° 3, pp. 164-174.

CLING, Jean-Pierre. La Banque mondiale, entre transformations et résilience. Critique Internationale, 20 011, vol 53, n° 4, pp. 43-65.

DEVIN, Guillaume. Norbert Elias et l'analyse des relations internationales, *Revue française de Sciences Politiques*, 1995, vol. 45, n°2, pp. 305-327.

DEVIN, Guillaume. Le Sud et les enjeux sociaux du multilatéralisme. L'Afrique : Multilatéralisme et Sécurité humaine, *Le Bulletin,* vol 3, n° 2, juillet 2010, pp. 9-17.

FINNEMORE et SIKKINK. International norms dynamics and political change, *International Organization*, 1998, vol. 52, n° 4, pp. 887-917.

FINNEMORE, Martha. International Organization as teachers of norms. The UNESCO and science policy. *International Organization*, 1993, vol. 47, n° 4, pp. 565-597.

FOUILLET, Cyril. Le microcrédit au péril du néolibéralisme et de marchands d'illusions. Manifeste pour une inclusion socialement responsable, *Revue du Mauss* n° 29, 2007, pp. 329-350.

GALTUNG, Johan. Building on Stein Rokkan, Institut universitaire d'études sur le développement, http://www.transcend.org/galtung/papers/Building%20on%20Stein%20Rokkan.pdf.

HAAS, Peter. Introduction : Epistemic Communities and International Policy Coordination. *International Organization*, vol 49, n° 1, pp. 1-35.

KALDOR, Mary, MARCOUX, Sonia. La sécurité humaine : un concept pertinent ? *Politique étrangère*, 2006, n° 4, pp. 901-914.

KOTT, Sandrine. Les organisations internationales, terrains d'étude de la globalisation. Jalons pour une approche sociohistorique. *Critique internationale*, 2011, vol 52, n° 3, pp. 9-16.

LOUIS, Marieke, MAERTENS, Lucile. Changement et stratégies dans les organisations internationales : une analyse comparée du HCR et de l'OIT, *Revue Études internationales*, Vol XLV, n° 2, juin 2014, pp. 183-206.

LORIOL, Marc. La carrière des diplomates français : entre parcours individuel et structuration collective. *SociologieS* (mis en ligne le 2 juin 2009).

MARIE, Jérôme, IDELMAN, Éric. La décentralisation en Afrique de l'Ouest : une révolution dans les gouvernances locales ? *EchoGéo*, 2010, n° 13, pp. 2-12.

MESTRUM, Francine. La pauvreté multidimensionnelle. La dynamique sémantique dans le discours de la Banque Mondiale, *Mots*, 2008, n° 88, pp. 25-37.

NAY, Olivier, PETITEVILLE, Franck. Éléments pour une sociologie du changement dans les organisations internationales. *Critique internationale*, 2011, vol. 53, n° 4, pp. 1-13.

OTAYEK, René. Religion et globalisation : l'Islam subsaharien à la conquête de nouveaux territoires, *Revue internationale et stratégique*, 2003, vol. 52, n° 4, pp. 51-65.

PARK, Susan. Norm diffusion within international organizations: a case study of the World Bank, *Journal of international relations*, 2005, vol. 8, n° 2, pp. 111-141.

RAMEL, Frédéric, Le développement au prisme des valeurs : de l'attraction mondiale aux réalités africaines. L'Afrique : multilatéralisme et sécurité humaine, *Le Bulletin*, vol. 3, n° 2, juillet 2010, p. 22-31.

RAMEL, Frédéric. Les relations internationales selon Durkheim : un objet sociologique comme les autres, *Études internationales*, 2004, vol. 35, n° 3, p. 495-514.

ROSENAU, James. The relocation of authority in a shrinking world, *Comparative Politics*, 1992, vol. 24, n° 3, p. 253-272.

RAMEL, Frédéric, Marcel Mauss et l'étude des relations internationales : un héritable oublié, *Sociologie et sociétés*, vol. 36, n° 2, p. 227.

STIEGLITZ, Joseph. Participation and development: perspectives from the comprehensive development paradigm. *Review of Development Economics*, 2002, vol. 6, n° 2, p. 163-182.

Mémoires et thèses

LOUIS, Marieke, *L'organisation internationale du travail et le travail décent : un agenda social pour le multilatéralisme*, Paris : L'Harmattan, 2011, 106 p.

2. Études sur le Patrimoine culturel et le Développement

Ouvrages

AUDRERIE, Dominique, SOUCHIER, Raphael, VILAR, Luc. *Le Patrimoine mondial*, Que sais-je, Paris : Presses universitaires de France, 1998.

BASTIDE, Roger, *Art et Société*, Paris : Payot, 1977.

BENHAMOU, Françoise, *Économie du patrimoine culturel*, Paris : Repères, 2012.

BECKER, Howard. *Les Mondes de l'Art*, Paris : Flammarion, 2010.

BLEIKER, Roland, *Aesthetics in World Politics*, Basingstoke-New York: Palgrave Macmillan, 2009.

BRAULT, Simon, in PRONOVOST, Marc. *Art et Développement : le geste créatif au service du développement social*, Paris : L'Harmattan, 2013.

HARTOG, François, *Régimes d'historicité, Présentéisme et expérience du temps*, Paris : Seuil, 2003.

LE GOFF, Jacques. *Patrimoine et Passions identitaires*, Paris, Fayard, 1998.

LETURCQ, Jean-Gabriel, *Les Guerres du patrimoine*, Le Caire : CEDEJ, 2006.

OUEDRAOGO, Mohamoudou, *Culture et Développement en Afrique : le temps du repositionnement*, Paris : L'Harmattan, 2000.

VERNIERES, Michel. Patrimoine, patrimonialisation, développement local : un essai de synthèse interdisciplinaire, in *Patrimoine et Développement*, Paris : GEMDEV/ Karthala, 2009.

Chapitres de livre

LE GUEVEL, Séverine. Les enjeux internationaux du nouveau musée du Quai Branly In BOUTTIAUX, Anne-Marie (dir.), *Afrique : musées et patrimoines pour quels publics* ? Paris : Karthala, 2007, pp. 105-111.

Conférences

MAHIET, Damien Mahiet. “Musique et danse comme pratiques diplomatiques : Penser le Congrès de Vienne”. À corps et voix :

repenser le politique au prisme des pratiques musicales et dansées, Festival Ethnomusika, Quai Branly, 14 juin 2013.

Conférence « Les politiques culturelles africaines : coopération, modèles et stratégies », Journées d'étude internationales, 26-27 juin 2013, EHESS.

Conférence « Nouveaux Musées, Nouvelles ères urbaines, Nouvelles Mobilités touristiques », Colloque, EIREST, Paris 1 Panthéon-Sorbonne et Chaire UNESCO « Culture, tourisme, développement », 20 et 21 janvier 2011.

5e conférence AFD/EUDN, Culture et Développement : la culture fait-elle la différence ? Paris-Maison de la Chimie, 5 décembre 2007.

ICOM. « Quels Musées pour l'Afrique, patrimoine en devenir », Actes de rencontres Bénin-Ghana-Togo 18-23 novembre 1991, Éditions de l'ICOM, 385/387, Paris, 1992.

Conférence « Protection du patrimoine culturel en cas de conflits armés dans le monde arabe », 7 avril 2014, Paris, Sciences Po.

Articles scientifiques

L'Art dans la mondialisation, *Questions internationales*, Paris La documentation française, 2010, n ° 42, 127p.

ADANDE, Joseph. Le musée, un concept à réinventer en Afrique, *Africultures*, vol. 70, n° 1, pp. 51-59.

BAUDOT, Barbara. Art in International Relations in *International studies encyclopedia online*, Blackwell Publishing, 2010.

BENHAMOU, Françoise. L'inscription au patrimoine mondial de l'humanité : La force d'un langage à l'appui d'une promesse de développement, *Revue Tiers Monde*, 2010, vol. 202, n° 2, p. 113-130.

BOSMAN, Isabelle. Politiques culturelles africaines et coopération culturelle européenne : le Manuel du Secrétariat ACP. *Africultures*, 2006, vol. 69, n° 4, pp. 200-208.

CLEMENT, Étienne. Le concept de responsabilité collective et la communauté internationale pour la protection des biens culturels dans les conventions et recommandations de l'UNESCO, *Revue belge de droit international*, 1993, n° 2, pp. 535-551.

GODONOU, Alain. À propos de l'universalité et du retour des biens culturels, *Africultures*, vol. 70, n° 1, pp. 114-119.

HUGON, Philippe, GABAS, Jean-Jacques. Biens publics mondiaux et la coopération internationale, *L'économie politique*, 2001, vol. 12, n° 4, pp. 19-31.

HUGON, Philippe. L'économie éthique publique : biens publics mondiaux et patrimoines communs, Rapport pour l'Organisation des Nations Unies pour l'éducation, la science et la culture, *Économie éthique,* n° 3, Paris : UNESCO, 2003, pp. 2-80.

MAUREL, Chloé. Que fait l'UNESCO pour le patrimoine culturel africain ? *Africultures*, 2007, vol. 70, n° 1, pp. 150-158.

MAY, Roland, Fiche « Conservation préventive- Conservation curative », *Centre interrégional de conservation et de restauration du patrimoine*, pp. 1-3.

MENSAH, Ayoko. Les cultures africaines sont-elles à vendre ? Éléments sur la situation du secteur culturel en Afrique. *Africultures*, 2004, vol. 69, n° 4, pp. 13-27.

N'DIAYE, Malick. Entretien avec Gaël de Guichen : Quel bilan pour les politiques de conservation en Afrique ? *Africultures,* 2007, vol. 70, n° 1, pp. 143-148.

ROBERT, Yves. Musées en Afrique entre universalité et propositions In *Afrique : musées et patrimoines pour quels publics ?* Paris : Karthala, 2007, pp. 13-33.

WEBER, Raymond, Culture et Développement : vers un nouveau paradigme ?, Présentation des backgrounds papers du camps euro-africano de coopération culturelle, pp. 1-25.

Mémoires et thèses

COISSARD, Pascale. *La protection du patrimoine culturel en cas de conflit armé : enjeux et limites du cadre international armé,* Mémoire de fin d'Études : Droit international, 2007.

3. Études sur les Banques Culturelles

Ouvrages

BOUTTIAUX, Anne-Marie (dir), *Afrique : musées et patrimoines pour quels publics* ?, Paris : Karthala, 2007.

Chapitres de livre

DEUBEL, Tara. Banking on Culture : Microcredit as Incentives for Cultural Conservation in Mali In FERNANDO, Jude, L, *Microfinance, Perils and prospects*, Routledge Taylor and Francis, 2006, pp. 115-132.

KEITA, Daouda. Les Banques Culturelles au Mali : une nouvelle initiative de sauvegarde du patrimoine culturel et de développement des communautés In BOUTTIAUX, Anne-Marie (dir), *Afrique : musées et patrimoines pour quels publics* ? Paris : Karthala, 2007, pp. 117-127.

KOUTINHOUIN, Edward. Les Musées au service du développement In BOUTTIAUX, Anne-Marie, *Afrique : musées et patrimoines pour quels publics* ? , Paris : Karthala, 2007, pp. 41-49.

WHERRY, Frederic F, CROSBY, Todd V. The Culture Bank: symbolic capital and local economic development In *The Cultural Wealth of nations*, Standford: Standford University Press, 2001, pp. 139-145.

Articles scientifiques

West African Monitor, African Development Bank Group, Issue 1, sept. 2013, p. 22.

CROSBY, Todd V, La Banque Culturelle : revalorisation du patrimoine culturel du Mali, 1997, document non publié.

DEUBEL, Tara F, *Conserving Cultural Heritage* with Microcredit in Mali, in the West African Research Association, Spring 2003.

DEUBEL, Tara F, « Conserving cultural heritage with microcredit », in *Practice and Innovation in Microfinance*, n° 1, ADA.

GODONOU, Alain. « L'École du patrimoine africain : pôle d'excellence à Porto-Novo », *Africultures,* 2007, vol. 70, n° 1, pp. 149-150.

GUEYE, El Hadji M, Rapport d'évaluation de la Banque Culturelle de Fombori (Mali), 2002, WAMP, rapport inédit.

DE WOLF, Yves et SIMEONE, Gian Giuseppe, « Patrimoine et décentralisation-mission au Mali », déc. 2004-janv. 2005 ; Rapport final, 2006, SIM : Sociéta italiana di Monitorraggio spa-GICC Branch.

GODONOU, Alain et HOUNDEGLA, Frank, « Le monde des musées en Afrique a-t-il changé ? », *Africultures,* 2007, vol. 70, n° 1, pp. 38-41.

DE SABRAN, Marguerite, « La Maison du pays. L'exposition du patrimoine dans les musées privés de l'Afrique de l'Ouest et du Cameroun ». *Cahiers d'études africaines*, 1999, vol. 885/903, pp. 155-156.

KEITA, Baba. « Les principaux axes du programme Africa 2009 », *Africultures*, 2007, vol. 70, n° 1, pp. 149-150.

TASTET, Céline, « Compte rendu de l'atelier de réflexion sur les Banques Culturelles : opportunités d'un partenariat avec les institutions de microfinance », 28-29 mai, Porto-Novo, 8 p.

YATTARA, Baba Mori, « Les Banques Culturelles : une expérience porteuse d'espoir », *Africultures*, 2007, vol. 70, n° 1, pp. 149-150.

Thèses

DEUBEL, Tara F., *Conserving cultural heritage with micro-credit: a case study the dogon culture bank of Fombori, Mali.* Master thesis: Anthropology, Arizona: University of Arizona, 2003.

Conférences

Conférence « Les Musées entre enjeux économiques et enjeux identitaires », ministère des Affaires étrangères, 10-11 décembre 2012 :

http://workshop-museums-en.blogspot.fr/p/contributions.html.

ALIZIM, Badouala Karaka, « La Banque Culturelle comme instrument de mobilisation des populations sur un site du patrimoine mondial en danger : la banque culturelle du Koutammakou ».

KEITA, Baba, « Le cas du programme FSP/MSD « Les musées au service du développement » : Bilan et perspectives ».

KOUTINHOUIN, Edward, « Patrimoine culturel et lutte contre la pauvreté : les banques culturelles au service des communautés ».

TOFFOUN, Diane, « Musée et publics : les exemples du Fonds de solidarité prioritaire (FSP) – Musées au service du développement (MSD ».

YATTARA, Aldiouma, « Les banques culturelles comme formes muséales conjuguant patrimoine et développement ».

YATTARA, Aldiouma, « Situation du patrimoine au Mali, pour une stratégie post-conflit ».

ABUNGU, Lorna, « Les musées africains : quelles dynamiques locales, quelle coopération Nord-Sud ? », Culture et Création facteurs de développement, Bruxelles, 2 et 3 avril 2009.

L'HARMATTAN ITALIA
Via Degli Artisti 15; 10124 Torino
harmattan.italia@gmail.com

L'HARMATTAN HONGRIE
Könyvesbolt ; Kossuth L. u. 14-16
1053 Budapest

L'HARMATTAN KINSHASA
185, avenue Nyangwe
Commune de Lingwala
Kinshasa, R.D. Congo
(00243) 998697603 ou (00243) 999229662

L'HARMATTAN CONGO
67, av. E. P. Lumumba
Bât. – Congo Pharmacie (Bib. Nat.)
BP2874 Brazzaville
harmattan.congo@yahoo.fr

L'HARMATTAN GUINÉE
Almamya Rue KA 028, en face
du restaurant Le Cèdre
OKB agency BP 3470 Conakry
(00224) 657 20 85 08 / 664 28 91 96
harmattanguinee@yahoo.fr

L'HARMATTAN MALI
Rue 73, Porte 536, Niamakoro,
Cité Unicef, Bamako
Tél. 00 (223) 20205724 / +(223) 76378082
poudiougopaul@yahoo.fr
pp.harmattan@gmail.com

L'HARMATTAN CAMEROUN
BP 11486
Face à la SNI, immeuble Don Bosco
Yaoundé
(00237) 99 76 61 66
harmattancam@yahoo.fr

L'HARMATTAN CÔTE D'IVOIRE
Résidence Karl / cité des arts
Abidjan-Cocody 03 BP 1588 Abidjan 03
(00225) 05 77 87 31
etien_nda@yahoo.fr

L'HARMATTAN BURKINA
Penou Achille Some
Ouagadougou
(+226) 70 26 88 27

L'HARMATTAN SÉNÉGAL
10 VDN en face Mermoz, après le pont de Fann
BP 45034 Dakar Fann
33 825 98 58 / 33 860 9858
senharmattan@gmail.com / senlibraire@gmail.com
www.harmattansenegal.com

L'HARMATTAN BÉNIN
ISOR-BENIN
01 BP 359 COTONOU-RP
Quartier Gbèdjromèdé,
Rue Agbélenco, Lot 1247 I
Tél : 00 229 21 32 53 79
christian_dablaka123@yahoo.fr

Achevé d'imprimer par Corlet Numérique - 14110 Condé-sur-Noireau
N° d'Imprimeur : 125374 - Dépôt légal : janvier 2016 - *Imprimé en France*

www.ingramcontent.com/pod-product-compliance
Lightning Source LLC
LaVergne TN
LVHW010927061026
849535LV00007B/2272